Exerçons-nous

Français des Affaires

350 exercices, textes, documents

Lydie CORADO et Marie-Odile SANCHEZ-MACAGNO

H
HACHETTE F.L.E.
26, rue des Fossés-St-Jacques
75005 PARIS

Collection
Exerçons-nous

Titres parus ou à paraître

Pour chaque ouvrage, des corrigés sont également disponibles.

- *350 exercices de grammaire*
  - *niveau débutant*
  - *niveau moyen*
  - *niveau supérieur I*
  - *niveau supérieur II*
- *Orthographe de A à Z 350 règles, exercices, dictées*
- *350 exercices de français des affaires*
- *350 exercices de vocabulaire*
- *350 exercices de révision*
  - *niveau 1*
  - *niveau 2*
  - *niveau 3*

Maquette de couverture : Version Originale.
ISBN 2-01-016264-1

INTRODUCTION

De plus en plus d'étudiants de français langue étrangère ont besoin de prendre contact rapidement avec un français spécialisé.

Conçu pour une préparation aux examens de français des affaires de la Chambre de Commerce et d'Industrie de Paris, ce recueil d'exercices permet à l'apprenant de se familiariser avec une langue fonctionnelle, d'accéder à des documents professionnels authentiques et à l'information diffusée par la presse.

La division de l'ouvrage en 6 parties indépendantes pouvant être travaillées séparément, permet une grande souplesse dans l'utilisation individuelle ou en groupe.

À l'intérieur de chaque partie, la difficulté progressive des activités est signalée par des symboles ▲, ▲▲ et ▲▲▲.

Les situations (vendre, s'informer, embaucher...) et les thèmes (l'économie française, les relations commerciales internationales, les nouvelles technologies...) répondent aux besoins des apprenants dont la créativité va être progressivement sollicitée.

Pour une plus grande autonomie d'utilisation, des définitions et un lexique multilingue (allemand, anglais, espagnol et italien) complètent l'ouvrage.

SIGLES ET ABRÉVIATIONS

Av.	Avenue
Bd.	Boulevard
B.P.	Boîte postale
B.T.S.	Brevet de technicien supérieur
C.C.P.	Compte-chèque postal (ou centre de chèques postaux)
C.V.	Curriculum vitae
Dr	Docteur
E.D.F.	Électricité de France
Ets	Établissements
F	Franc
H.E.C.	(École des) hautes études commerciales
H.T.	Hors taxes
Kg	Kilogramme
M.	Monsieur
MM.	Messieurs
Mme, Mme	Madame
Mmes, Mmes	Mesdames
Mlle, Mlle,	Mademoiselle
Mlles, Mlles	Mesdemoiselles
N/réf.	Nos références
N.F.	Norme française
P.S.	Post-Scriptum
P.J.	Pièce jointe
R.C.	Registre de commerce
Réf.	Référence
S.E.R.N.A.M.	Service national des Messageries rattaché à la SNCF.
S.M.I.C.	Salaire minimum interprofessionnel de croissance
S.N.C.F.	Société nationale des chemins de fer français
Sté.	Société
S.V.P.	S'il vous plaît
Tél.	Téléphone
T.T.C.	Toutes taxes comprises
T.V.A.	Taxe à la valeur ajoutée
T.U.C.	Travail / travailleur d'utilité collective
Z.I.	Zone industrielle

SOMMAIRE

LE MOT ET LA PHRASE

LE MOT

▲

1. Trouvez pour chacun des termes suivants au moins deux mots de même famille puis introduisez l'un d'eux dans une courte phrase

Consommation : (*consommateurs, consommer*) Les associations de consommateurs se multiplient depuis quelques années.

a. Représentant — programmateur — commerçant — exportateur — traducteur — vendeur — entrepreneur.
b. Correspondance — paiement — comptabilité — achat — formation — contrôle — production.
c. Préparer — livrer — expédier — emballer — distribuer — collaborer — participer — organiser — diriger.

▲

2. Trouvez les mots qui correspondent aux définitions suivantes

a. Rapport entre commerçants, concurrents qui se disputent une clientèle.
  1. concurrence
  2. compétence
  3. compétition

b. Somme que l'assuré doit payer à l'assureur :
  1. indemnité
  2. indemnisation
  3. prime

c. Action de placer des capitaux dans une entreprise :
  1. inversion
  2. investissement
  3. investiture

d. Acte par lequel un expéditeur, en payant une taxe, s'assure qu'une lettre, un colis etc. arrivera à destination :
  1. commander
  2. certifier
  3. recommander

e. Série de chiffres représentant le pays, la ville, pour les communications téléphoniques :
  1. code
  2. préfixe
  3. indicatif

Ordre de prélever sur son crédit une certaine somme :

1. chèque
2. lettre de change
3. lettre recommandée

. Art d'exercer une action psychologique sur le public à des fins commerciales :

1. propagande
2. publication
3. publicité

. Même exercice

État d'une personne qui en raison de son âge, de son état, s'est retirée de la vie active :

1. chômage
2. grève
3. retraite

Ensemble de normes juridiques dans un pays ou un domaine déterminé :

1. légalité
2. législature
3. législation

Réunion de nombreuses personnes en un même endroit :

1. influence
2. affluence
3. fluctuation

Ce qui manque pour équilibrer les recettes avec les dépenses :

1. déficit
2. défiance
3. déficience

Hausse des prix continue et généralisée qui provoque un déséquilibre économique :

1. inflation
2. déflation
3. dévaluation

Fait de s'entendre pour agir d'un commun accord :

1. conversation
2. concentration
3. concertation

g. Tableau représentatif de l'actif et du passif d'une entreprise :

1. balance
2. bilan
3. budget

h. Prélèvement que l'État opère sur les revenus des particuliers et des sociétés :

1. impôt
2. taxe
3. tribut

▲▲
4. Réduction de prix

escompte — rabais — remise — ristourne

a. ______________________ : réduction accordée sur une somme déjà payée.
b. ______________________ : réduction généralement accordée sur une quantité importante.
c. ______________________ : réduction accordée pour paiement au comptant.
d. ______________________ : réduction accordée sur des articles défraîchis ou démodés.

▲▲▲
5. Fonctions commerciales

courtier — concessionnaire — commissionnaire — représentant — mandataire — agent commercial.

a. ______________________ : commerçant qui achète ou vend sous son propre nom pour le compte soit d'un producteur, soit d'un commerçant.
b. ______________________ : personne à laquelle on a donné le droit d'agir en son nom.
c. ______________________ : commerçant qui met en rapport un acheteur et un vendeur mais n'agit pas en son propre nom.
d. ______________________ : personne rémunérée qui achète et vend au nom et pour le compte d'un industriel ou d'un commerçant.
e. ______________________ : personne qui a reçu le droit exclusif de vendre les marchandises d'un producteur dans un rayon déterminé.
f. ______________________ : salarié d'un industriel, grossiste, dont il visite la clientèle.

▲

. Rémunérations 1

ılaire — traitement — honoraire — cachet — solde — gages.

. ______________ : appointements touchés par un employé, un ouvrier.
. ______________ : appointements touchés par un domestique.
. ______________ : appointements touchés par un artiste.
. ______________ : appointements touchés par un membre d'une profession libérale.
. ______________ : appointements touchés par un militaire.
______________ : appointements touchés par un fonctionnaire.

▲

. Rémunérations 2

ıdemnisation — prime — allocation — subvention — indemnité — dividende.

______________ : bénéfices à partager entre associés.
. ______________ : somme d'argent allouée à titre d'encouragement ou de récompense.
______________ : somme attribuée à une personne pour faire face à un besoin.
. ______________ : aide accordée par des organismes publics ou privés à des entreprises ou à des associations.
______________ : action de dédommager quelqu'un de ses pertes ou de ses frais.
______________ : somme attribuée en réparation d'un dommage ou d'un préjudice.

▲▲

Moyens de paiement

ttre de change — chèque — billet à ordre — virement — crédit documentaire.

______________ : promesse de payer soi-même une somme à une personne à une date fixée.
______________ : effet de commerce accompagné de divers documents utilisés dans le commerce extérieur.
______________ : ordre de payer donné à un banquier.
______________ : transfert d'une somme d'un compte à un autre.
______________ : effet de commerce par lequel une personne est invitée par une autre à payer une certaine somme à une certaine date.

▲▲

Comptes de l'entreprise

héance — budget — exercice — bilan — provision.

______________ : tableau représentant le passif et l'actif d'une entreprise.
______________ : période comprise entre 2 inventaires.
______________ : somme d'argent versée à l'avance pour faire face à des frais.
______________ : ensemble des revenus et des dépenses d'une famille, d'une entreprise …
______________ : date à laquelle un paiement devient exigible.

LA PHRASE

▲
1. Remettez dans l'ordre les phrases suivantes.
pour — l'usine — de — vient de — jours — dizaine — une — fermer
L'usine vient de fermer pour une dizaine de jours.

a. au — va — métro — bureau — Dupont — en — madame.
b. bilan — révise — le — année — gérant — chaque — le.
c. tape — les — secrétaire — immédiatement — documents — la.
d. camionnette — le — utilise — pour — une — travail — livreur — son.
e. sont fermés — jours — de — fête — magasins — les — dimanche — le — les — et.
f. très — cette — pas — est — services — n' — offre — de — précise.
g. prototype — commenceront — les — essais — mois — le — du — prochain.
h. relire — il — toujours — lettre — faut — une — de — expédier — l' — avant.
i. abonnement — ce — par — magazine — vendu — est — nouveau.
j. pas — les — avons prévu — augmenteront — n' — nous — l' — ventes — comme.

▲▲
2. Écrivez une phrase à partir des mots suivants.
Attention, il manque les articles et les prépositions; les verbes ne sont pas conjugués.
secrétaire — suivre — cours — français — depuis — an.
La secrétaire suit des cours de français depuis un an.

a. magasins — vendeuses — conseiller — clients.
b. compagnies d'assurances — ne pas rembourser — honoraires — avocats.
c. nous — assurer — service après-vente — tous — articles.
d. importateurs — acheter — devises — étranger — marché des changes.
e. banquier — remettre — documents d'expédition — agent des douanes.
f. nous — être heureux — recevoir — délégation canadienne — usine.
g. je — demander — services des impôts — facilités — paiement.
h. entreprise — devoir investir — partie — bénéfices.
i. banques — transmettre — ordres de bôurse — clients — agents de change.
j. créanciers — avoir dix jours — se présenter — Tribunal de Commerce.

▲
3. Choisissez le terme qui convient pour compléter les phrases suivantes.
Si vous n'avez pas de .... d'identité, vous ne pouvez pas ouvrir de compte en banque.
carnet — carte — document.
Si vous n'avez pas de carte d'identité, vous ne pouvez pas ouvrir de compte en banque.

a. On ne peut envisager de bon climat social sans .... préalable.
concentration — concertation — conservation.

b. L'appareil est encore sous garantie, la réparation sera …….. effectuée à vos frais.

puis — donc — depuis.

c. L'économie nationale accuse les conséquences des importants déséquilibres …….. mondiaux.

financiers — monétaires — pécuniaires.

d. Nous nous engageons à vous livrer dans …….. délais.

les meilleurs — les mieux — les plus brèves.

e. Les banques multiplient leurs efforts pour inciter les Français à ……..

épargner — gaspiller — s'économiser.

f. Ils ont été interpellés …….. la police des frontières.

par — pour — avec.

g. Nous pensons que de nombreuses personnes vont …….. cette place de caissière.

poster — postuler pour — pourvoir.

▲

4. Même exercice.

a. Le plan que vous avez envoyé par …….. n'est pas assez précis.

téléphone — télex — télécopie.

b. La …….. thermale se termine le 30 octobre.

station — saison — situation.

c. Ces colis doivent être prêts à …….. avant 18 heures.

partir — sortir — quitter.

d. Veuillez vérifier si les numéros des documents correspondent à ceux qui figurent sur le …….. de votre carnet à souches.

talon — chèque — billet.

e. Cette lettre nous a été retournée car l' …….. était mal libellée.

direction — adresse — orientation.

f. Nous exigeons …….. de sécurité sur les chaînes de montage.

avantage — davantage — d'avantage.

g. Une …….. technique de trois jours est prévu pour le nettoyage des chaudières.

chômage — grève — arrêt.

▲▲

5. Même exercice.

a. Les propriétaires ne sont pas arrivés à résoudre …….. qui les oppose au syndic de la co-propriété.

le différent — le différend — la différence.

b. Il a donné sa charcuterie en …….. pour des raisons de santé.

gestion — gestation — gérance.

c. …….. commercial est un ensemble de règles applicable aux commerçants et aux activités commerciales.

le droit — le devoir — la droite.

d. Les termes utilisés dans votre lettre de …….. nous ont vraiment surpris.

relance — lance — lancement.

e. Nous vous informons qu'à partir du 1er janvier, …….. de notre Siège Social est transféré 15 avenue Gaston de Fontmichel.

l'adresse — la direction — le domicile.

f. Dans les conditions actuelles du marché, votre …….. est inacceptable.

propos — proposition — préposition.

g. Rien ne laisse prévoir une baisse du mark à …….. terme.

cour — court — cours.

h. L'appareil qui rend …….. est en panne.

la monnaie — le change — l'échange.

i. Faites vérifier régulièrement le thermostat du …….. frigorifique.

compter — comptoir — compteur.

j. L'exploitation de son brevet d'invention lui assure des …….. réguliers.

revenus — rentes — dividendes.

NOMINALISATION ET VERBALISATION

NOMINALISATION :

Transformez les phrases suivantes en utilisant le substantif correspondant au verbe.

Tous les salariés cotisent obligatoirement à la Sécurité Sociale : *Cotisation obligatoire des salariés à la Sécurité Sociale.*

▲

1. La vente

a. Les marchandises sont expédiées dans le monde entier.
b. Le service des ventes exécute les commandes.
c. Il est difficile de négocier avec ces clients.
d. Le prix des matières premières baisse depuis quelque temps.
e. Les laitages sont livrés tous les matins.
f. Christian Dior lancera un nouveau parfum l'été prochain.
g. Nous payons au comptant tous nos fournisseurs.
h. Certains de nos articles sont vendus à perte.

▲▲

2. La vente

a. Nous achetons tous vos stocks à bon prix.
b. Les établissements Doumer ont perdu un important marché.
c. Une entreprise française espère décrocher ce fabuleux contrat.
d. Nous expédions ces livres contre remboursement.
e. La facture devra être réglée dans les quinze jours.
f. Ces marchandises seront déclarées à la douane.
g. Il faut obligatoirement verser des arrhes pour toute réservation.
h. Le camion de livraison partira après l'inspection sanitaire.

▲

3. L'entreprise

a. Le comité d'entreprise a répondu négativement aux propositions du directeur.
b. Cette chaîne produit notre dernier modèle de voiture.
c. Le chef d'atelier contrôle le travail des ouvriers.
d. Leurs concurrents leur ont proposé une association.
e. La secrétaire rectifiera son erreur.
f. Ce poste vacant a été attribué à une personne responsable.
g. Les négociations ont repris ce matin.
h. Cette société est dirigée avec efficacité.

▲
4. La C.E.E.

a. Les résultats des élections européennes viennent d'être publiés.
b. L'Espagne et le Portugal sont entrés dans la Communauté Européenne le 1er janvier 1986.
c. Les directives communautaires sont appliquées dans ce secteur.
d. La subvention des produits agricoles divise les douze.
e. La croissance s'est ralentie dans l'ensemble des pays de la Communauté.
f. Ces offres d'emploi seront publiées la semaine prochaine au Journal Officiel de la Communauté.
g. Le mark se réévalue régulièrement par rapport aux autres monnaies européennes.
h. Les ministres des Affaires étrangères préparent la prochaine réunion des chefs d'Etat.

▲
5. Divers

a. Leur équipe de techniciens étudie un système de blocage automatique des portes.
b. Les laboratoires Yves Rocher ont créé un nouveau parfum à base d'extraits naturels de fleurs.
c. Un Français a découvert un nouveau système de carte à puce.
d. Les créanciers seront remboursés prochainement.
e. Notre directeur commercial réussit tout ce qu'il entreprend.
f. Nos bureaux de Nantes seront ouverts pendant tout le mois d'août.
g. Une caution est versée au propriétaire au moment de la signature.
h. Le chantier naval de La Ciotat construit un porte-conteneurs.

▲▲
6. Même exercice.

a. Nos magasins ont été fermés les 2 et 3 janvier pour cause d'inventaire.
b. Le gouvernement multiplie les appels en faveur de la concertation sociale.
c. Intérimo loue des bureaux dans cette zone.
d. La grève des aiguilleurs du ciel a retardé nos expéditions.
e. La panne dans l'atelier de peinture modifiera le plan de travail de demain.
f. Un architecte surveille les travaux en permanence.
g. Le directeur commercial met en place un service technique d'urgence.
h. Le nouveau propriétaire restructure tous les services.

▲▲▲
7. Même exercice.

a. Le bail a été résilié au bout de trois ans.
b. Cette machine entièrement automatique nous fera gagner beaucoup de temps.
c. Les fonctionnaires craignent de voir diminuer leur pouvoir d'achat.
d. Cette multinationale va agrandir son dépôt de la région sud-est.
e. Ce contrat a été adjugé à l'entreprise Spadi.

f. Le directeur des services import-export accueillera la délégation chinoise.
g. Le secrétaire rédige le compte-rendu de l'assemblée générale.
h. Le service comptable établit les factures.
i. Les actionnaires apporteront de nouveaux capitaux.
j. Les vendeurs se plaignent du mauvais fonctionnement du climatiseur.

▲▲▲
8. Même exercice.

a. Les soldes se terminent après-demain.
b. Le gérant a déposé le bilan au Tribunal de Commerce.
c. Le poste de dactylo est supprimé depuis le mois dernier.
d. Il sera difficile de résoudre ce problème en quelques jours.
e. Le comité d'entreprise prendra position sur ce conflit.
f. Les délégués syndicaux ont été acquittés par le tribunal.
g. Ce type d'investissement intéresse les sociétés japonaises.
h. Nous vous remettrons les marchandises contre un bon de réception.
i. Le salon du prêt-à-porter ouvrira ses portes aux professionnels le 12 février.
j. Nous espérons nous défaire de nos stocks rapidement.

▲▲▲
9. VERBALISATION :

Modifiez la phrase en utilisant le verbe correspondant au temps indiqué.

Échec de l'offre publique d'achat de Cofimac sur Savitext S.A. (passé composé) : *L'offre publique d'achat de Cofimac sur Savitext S.A. a échoué.*

a. Conquête de nouveaux marchés en Amérique du Sud par Matra. *(passé composé).*
b. Perception en octobre de la taxe foncière par la mairie *(présent).*
c. Craintes des producteurs de primeurs face aux importations en provenance des pays de l'Europe du Sud *(présent).*
d. Promesse de versement d'indemnités sécheresse par le gouvernement aux agriculteurs du Sud-Ouest *(passé composé).*
e. Le premier jour, lecture obligatoire des normes de sécurité pour tous les nouveaux employés *(futur).*
f. Interdiction de pénétrer sans casque sur le chantier *(forme impersonnelle, présent).*
g. Réduction du taux d'absentéisme grâce à l'implantation de l'horaire flexible *(forme passive).*
h. Satisfaction des salariés après l'intervention du médiateur *(passé composé).*
i. Parution tous les lundis d'un nouvel hebdomadaire à caractère économique *(futur).*
j. Garantie du bon fonctionnement des finances municipales par les Chambres régionales des Comptes *(présent).*

TÉLÉPHONE ET TÉLEX

FICHES TÉLÉPHONIQUES

À partir des conversations suivantes, complétez les fiches téléphoniques.

▲
1. Livraison

— Allô, les Pépinières du Sud-Ouest ?
— Oui, j'écoute.
— Bonjour madame, ici Michel Raugier, fleuriste à Muret. Il y a un problème dans votre dernièr livraison. Je vous ai commandé 150 pots de cyclamens de trois couleurs différentes et vous n m'en avez livré que des roses et des blancs. J'ai absolument besoin de cyclamens rouges car nou sommes à quatre jours de la Toussaint.
— Excusez-nous, il y a dû y avoir une erreur de notre part, mais à cette époque de l'année nou sommes absolument débordés.
— Je comprends très bien, mais j'ai moi-même de nombreuses commandes de cyclamens rouge. Pouvez-vous m'en faire livrer 50 pots demain matin à la première heure et reprendre les 50 po de cyclamens blancs et roses que vous m'avez livrés en trop ?
— Nous allons faire tout notre possible pour vous satisfaire, mais ne pourriez-vous pas garder ce 50 pots ? Je pense que nous pourrions vous consentir une remise de 10 %.
— Bon, bon, c'est bien parce que c'est la première fois qu'une telle erreur se produit. Je compt donc sur mes cyclamens rouges demain matin à 7 heures !
— Oui, oui, soyez sans crainte, je préviens immédiatement madame Ramage qui fera le nécessa re. Excusez-nous encore. Au revoir, monsieur Raugier, et merci !
— Au revoir, madame.

APPEL POUR ....
DE LA PART DE ....
SOCIÉTÉ ....
TÉLÉPHONE ....

❑ rappellera
❑ demande à être rappelé
❑ urgent

A laissé le message suivant ....
....
....
....
....

Reçu par
Date .... Heure ....

▲
2. Réservation de stand

— Allô ? Le bureau de M. Rasimbeau ?
— Oui, c'est ici.
— Bonjour, madame. Je suis M. Chaumard, responsable des relations publiques de la chaîne Sport et Loisirs.
— Bonjour, monsieur. Je vous écoute.
— Voilà, nous venons de recevoir le plan général de la distribution des stands pour la prochaine foire de Marseille et nous sommes très mécontents de l'emplacement que vous nous avez réservé.
— Attendez un instant, je vais chercher votre dossier...
Oui, vous êtes au 1er étage, aile nord, stand n° 82. Quel est le problème ?
— Nous exposons régulièrement depuis 5 ans et nous avons toujours eu un stand d'au moins 40 m^2 et cette année, le stand 82 ne fait que 25 m^2. Il nous est impossible dans ces conditions de présenter les appareils de musculation. Il y a dû y avoir une erreur dans l'attribution des stands.
— J'ai sous les yeux votre lettre; en effet, vous demandiez un stand de 40 m^2 minimum. Je ne comprends pas ce qui a pu se passer... Ah, ça y est ! votre courrier est arrivé la semaine dernière alors que la répartition était pratiquement terminée. Il ne restait plus que les stands 82 et 94 et le 94 est encore plus petit. M. Rasimbeau n'est pas là ce matin et je ne peux prendre aucune décision.
— C'est vraiment regrettable, dites-lui que nous avons absolument besoin d'au moins 15 m^2 supplémentaires. Si ce n'est pas possible, veuillez faire installer un ensemble TV-magnétoscope avec écran géant au stand 82. Je rappellerai demain.
— J'ai pris note de votre demande, nous allons faire notre possible pour vous donner satisfaction mais je ne peux rien vous assurer. De toute façon, vous parlerez avec M. Rasimbeau demain matin.
— Merci, au revoir, madame.
— Au revoir, monsieur.

APPEL POUR ....
DE LA PART DE ....
SOCIÉTÉ ....
TÉLÉPHONE ....

❏ rappellera
❏ demande à être rappelé
❏ urgent

A laissé le message suivant ....
....
....
....
....

Reçu par
Date .... Heure ....

▲
3. Assurances

— Allô, ici les Assurances Lagarde.
— Bonjour, mademoiselle, ici Christophe Manthe, je suis assuré chez vous depuis 5 ans et c'est la première fois que je fais appel à vos services.
— Oui, je vous écoute, quel est le numéro de votre police ?
— Attendez, je vais voir... Voilà, c'est le n° 68-74125 .
— De quoi s'agit-il ?
— Eh bien, ça c'est passé ce matin dans la pâtisserie. Une cliente, en se rendant à la caisse, a glissé et a heurté une vitrine. Comme elle souffrait d'un bras, nous l'avons conduite à l'hôpital où on lui a diagnostiqué une fracture du poignet. Je suis très ennuyé, que dois-je faire ?
— Ne vous inquiétez pas, vous êtes couvert par votre assurance. Donnez-moi le nom et l'adresse de votre cliente et nous prendrons directement contact avec elle.
— Il s'agit de Mme Bardet Sylvie, 15 rue des États-Unis au Lavandou.
— Avez-vous remarqué si le sol était glissant ou si quelque chose a pu provoquer sa chute ?
— Non, personne n'a compris pourquoi elle a pu tomber.
— Bien, nous sommes vendredi 4 avril, vous recevrez en début de semaine prochaine la visite de l'inspecteur de zone. C'est tout pour le moment.
— Entendu, merci beaucoup. Au revoir, mademoiselle.
— Au revoir, monsieur.

Assurances Lagarde

Appel pour : ....
Reçu par : ....
Date : ....
Heure : ....
Assuré : ....
N° Police : ....
Circonstances du sinistre : ....
....
Cause (s) : ....
Victime (s) : ....
Dommages : ....
....

RÉDACTION DE TÉLEX

Le télex est un service direct entre abonnés, de dactylographie à distance, par l'intermédiaire d'un télétype ou télescripteur. Ce service assuré par la poste associe la sécurité de la lettre à la rapidité du téléphone.
Le message transmis se réduit à l'essentiel : il est possible de supprimer les prépositions, les articles... à condition que le message reste clair et sans équivoque. En général, il n'y a pas de formule de politesse en début de message, et le terme Salutations sert le plus souvent de conclusion.

Modèle de demande d'envoi de télex :

Date : 22/11
Heure : 11.05

Émetteur : Maison Delplanque
Service : Vente
Responsable : M. Pierre

Destinataire : Les Garages du Midi
Adresse : 28, rue d'Aurillac
13200 Arles

Texte : Veuillez nous confirmer le plus rapidement possible la commande passée par téléphone, hier après-midi, concernant douze lots de douze bougies, AZ 845.
Merci. Salutations.

Réservé au service télex

Indicatif du destinataire :
GARDMID 12356 F
Date : 22/11 Heure : 11.15

Modèle de télex :

```
* GARDMID 123456 F
  326  11.15

DELPLAN 235122 F
Arles 22.11

Prière confirmer rapidement commande 21/11 pour 12 lots bougies
AZ 845.
Merci. Salutations.
                    M. Pierre

* GARDMID 123456 F
  DELPLAN 235122 F
```

À partir des demandes d'envois de télex, rédigez les télex et leurs réponses.

▲

1. Confirmation

Rédigez le télex de confirmation de la commande des Garages du Midi à la Maison Delplanque.

▲

2. Commande

```
Émetteur : Galeries du Sud-Est          Destinataire :
78, av. Jean Médecin                    Sibéria Fourrures
06000 Nice                              14,rue du Jeu de Paume
                                        63000 Clermont-Ferrand

Service : Achat
Responsable : M. Michaud

Date : 18/7
Heure : 14.

Message à transmettre :

Nous vous prions de bien vouloir nous expédier dans les plus
brefs délais, et en tout cas avant le 15 septembre :
      - 10 manteaux T 42 en vison black modèle VB 150
      -  5    "     T 44        "        "        "
      -  3    "     T 46        "        "        "

Merci. Salutations.

Codes télex : GALSUDE 674555 F
              SIBEFOU 284971 F
```

Réponse de Sibéria Fourrure : l'exécution de la commande ne pose pas de problème d'exécution, les délais seront respectés.

▲
3. Réservation de chambres

Émetteur : Laboratoires Phyto-Nature
Service : Relations publiques
Personne : M.C. Chaman

Destinataire :
Hôtel Lutecia
50100 Cherbourg

Date : 3/4
Heure : 15.15

Message à transmettre :

Veuillez avoir l'obligeance de réserver 5 chambres individuelles avec salle de bains du 5 au 8 juin compris, à l'occasion du VIIe congrès de thalassothérapie.

Codes télex : LAPHYNA 248219 F
HOTLUTE 437610 F

Réponse de l'hôtel Lutécia : hôtel complet pour toute la durée du congrès, s'adresser à l'hôtel Ibis, 12 cours Jean Bart à Tours.

▲
4. Demande de rendez-vous

Émetteur : Maison Roger
Personne : M. Joirand
Service : Relations publiques

Destinataire :
Michel Traiteur
73000 Chambéry

Date : 12/10
Heure : 9.20

Message à transmettre :

Veuillez nous fixer un rendez-vous pour M. Lethuc, notre directeur commercial, en déplacement en Savoie, entre le 26 et le 30 octobre prochains.
Remerciements. Salutations.

Codes télex : MAISROG 473126 F
MICTRAI 954268 F

Réponse de Michel Traiteur : M. Lethuc sera attendu le 28 octobre à 10 heures.

▲
5. Demande de renvoi de traite

Émetteur : Quincaillerie Chaumard
Service : Comptabilité
Personne : J. Boudon

Destinataire :
Métallu S.A
67270 Ingenheim

Date : 15/1
Heure : 11.35

Message à transmettre :

Ayant constaté une erreur de 250 F en notre faveur dans votre facture n° A 2450, nous vous prions de nous renvoyer la traite émise le 8 janvier dernier.
Merci. Salutations.

Codes télex : QUINCHA 505248 F
METALSA 492158 F

Réponse des établissements Métallu : l'erreur a également été constatée par nos services. La traite a déjà été retournée par courrier le 13 janvier. Veuillez nous excuser.

LA LETTRE COMMERCIALE

LA LETTRE COMMERCIALE

Malgré le développement des moyens modernes de communication dans les entreprises (téléphone, télex, télécopie), les communications par lettres sont nombreuses. On appelle correspondance commerciale l'ensemble des lettres échangées dans le cadre d'opérations de commerce.
La lettre commerciale doit pouvoir être lue rapidement. Elle énoncera les faits de façon claire et précise. Les phrases sont généralement simples et parfois même courtes.
Il ne faut pas oublier qu'elle peut servir de preuve et qu'elle devra donc être rédigée en termes précis et mesurés.

Conseils :

- *bien ordonner les idées;*
- *suivre un plan qui permettra de classer ces idées dans un ordre logique;*
- *diviser la lettre en paragraphes;*
- *veiller à la ponctuation.*

Contenu :

- *Le début de la lettre variera en fonction de son objet (première prise de contact, commande, réclamation, demande de renseignements, etc.). Il convient de bien le rédiger car il s'agit du premier contact avec le destinataire.*
- *La conclusion a pour but d'exprimer au destinataire ce que l'on attend de lui.*
- *La formule de politesse doit tenir compte des relations entre l'expéditeur et le destinataire ainsi que du contenu de la lettre.*

FORMULES DE DÉBUT ET FIN DE LETTRES

1. Formules de début de lettre : reliez les deux parties correspondantes.

1. Nous accusons réception
2. Conformément à votre télex du 17 mars
3. Nous vous remercions
4. Les termes de votre lettre du 8 courant
5. Je vous serais reconnaissant

a. de nous avoir contacté pour l'achat éventuel de machines à écrire électriques.
b. nous ont désagréablement surpris.
c. nous avons pu vous réserver un lot de douze caisses de Dom Pérignon.
d. de votre commande du 20 courant.
e. de bien vouloir m'adresser votre dernier catalogue.

2. Même exercice

1. Nous avons le regret
2. Veuillez trouver ci-joint
3. Vous deviez, pour le 16 juin dernier,
4. Nous vous expédions ce jour
5. Nous regrettons de

a. franco à domicile les articles faisant l'objet de votre commande du 20 courant.
b. de vous retourner, impayée, la traite ci-jointe.
c. ne pouvoir vous fournir les renseignements que vous nous demandez.
d. nous livrer les articles commandés à votre représentant le 25 mai dernier.
e. un chèque sur la Banque Générale de Crédit.

3. Même exercice

1. Veuillez avoir l'obligeance
2. Nous avons l'honneur de vous informer
3. En réponse à votre lettre du 15 courant,
4. Nous constatons, avec regret,
5. Nous remercions

a. nous vous confirmons notre refus de participer à votre Foire Exposition.
b. que notre facture du 3 septembre est restée impayée.
c. de m'indiquer vos conditions de location de coffres-forts.
d. de la confiance que vous nous avez témoignée.
e. du transfert de nos bureaux à partir du 1er janvier prochain.

▲
4. Formules de fin de lettres

1. Nous attendons donc votre accord
2. Recevez, Monsieur,
3. En vous remerciant d'une réponse rapide,
4. Je me tiens à votre entière disposition
5. Veuillez agréer, Madame,

a. nous vous prions d'agréer, Monsieur, l'expression de nos sentiments distingués.
b. l'expression de mes sentiments respectueux.
c. pour tout renseignement complémentaire.
d. avant de mettre votre commande à exécution.
c. l'assurance de mes sentiments distingués.

▲
5. Même exercice

1. Une confirmation rapide de votre part
2. En espérant que vous saurez trouver une solution acceptable
3. Soyez assuré
4. Nous apporterons, comme à l'ordinaire,
5. Nous vous remercions de cet ordre

a. et vous prions de recevoir l'expression de nos sentiments dévoués.
b. nous permettrait de prendre les dispositions nécessaires.
c. le plus grand soin à l'exécution de votre commande.
d. nous vous prions d'agréer, Monsieur, nos salutations.
e. que j'observerai une totale discrétion à ce sujet.

▲
6. Même exercice

1. Si, entre-temps, vous avez fait le nécessaire,
2. Nous espérons que vous voudrez bien
3. Nous espérons une réponse rapide de votre part
4. Veuillez me faire savoir
5. Dans l'attente de votre décision,

a. et vous en remercions.
b. si vos conditions sont les mêmes que l'an dernier.
c. veuillez ne pas tenir compte de cette lettre.
d. nous faire parvenir cette somme dans les plus brefs délais.
e. croyez, Monsieur, à nos sentiments dévoués.

COMPRÉHENSION

Lisez les lettres suivantes et remplissez le questionnaire correspondant.

. Commande

A. Chevalier
Orfèvre
24, rue du Charolais
75012 Paris

Nos réf. : AC / PC / 10
Vos réf. : -
Objet : commande

Porcelaines Pyrovair
98, route de Bordeaux
37000 Limoges

Paris, le 15 octobre 19..

Monsieur,

Veuillez me faire parvenir dans les meilleurs délais et dans les conditions habituelles de vente (emballage compris et livraison franco de port par le Sernam) :

- Série Louis XV Décor Fleury :
  - 40 assiettes creuses à 60 F.
  - 80 assiettes plates à 60 F.
  - 40 assiettes à dessert à 45 F.
  - 10 services à café complets à 875 F.
- Série Madame Pompadour Décor Derby :
  - 10 soupières à 355 F.
  - 5 saladiers (diam. 30 cm) à 225 F.

Etant donné l'importance de ma commande et l'ancienneté de nos relations, je vous demanderai, exceptionnellement, de me permettre de régler votre facture à 90 jours.

Veuillez agréer, Monsieur, l'expression de mes sentiments distingués.

A. Chevalier

A. Nom du client ______________________________

B. Nom du fournisseur ______________________________

C. Emballage à la charge de ______________________________

D. Frais de transport à la charge de ______________________________

E. Conditions de paiement souhaitées ______________________________

F. Arguments invoqués ______________________________

▲
2. Demande de renseignements

M. Blanchard
Carnot - Luminaires
12, Bd Carnot
05000 Gap

Tél. : 92.53.88.76

LUMITEL S.A.
Z.I. de Thau
13270 Fos/Mer

Gap, le 22 novembre 19..

Messieurs,

J'ai l'intention de vous commander sous peu :

- huit lampes halogènes mod. 143;
- trois paires d'appliques mod. 456;
- deux lustres mod. Versailles;
- six lampes de chevet junior mod. 567.

En raison de la proximité des fêtes de fin d'année, je souhaiterais recevoir ces articles dans les plus brefs délais.

Je vous demande s'il vous est possible de me livrer sous huitaine au lieu du délai habituel de quinze jours. Je suis prêt à prendre à ma charge les frais de transport supplémentaires.

Je vous confirmerai cette commande dès que j'aurai reçu votre accord.

Je vous prie de recevoir, Messieurs, l'expression de mes sentiments distingués.

M. Blanchard

A. Nom du client ____________________

B. Nom du fournisseur ____________________

C. S'agit-il d'une commande ferme ? ____________________

D. À quelle condition est-elle soumise ? ____________________

E. S'agit-il d'une première commande ? ____________________

F. Justifiez votre réponse ____________________

▲▲
3. Après avoir lu les deux lettres précédentes, essayez de caractériser la lettre de commande en répondant aux questions suivantes.

A. Disposition de la lettre : où et comment sont indiqués les articles commandés ?
B. Outre les articles commandés, que doit-il obligatoirement figurer dans ce genre de lettre ?
C. Quels sont les principaux temps et modes verbaux employés ?
D. Quelle est la formule de politesse employée dans les deux cas ?

▲
4. Modification de la commande

Etablissements Rivière
16, rue du Four
34128 Béziers
R.C. Béziers A 34 125 21 31
C.C.P. : Béziers 204 384 S

Maison Leroc & Frères
38, rue Marc Sère
31200 Toulouse

N. Réf. 88 / O.S. / 143
V. Réf. 88 / L.C. / 42
Objet : votre commande du 25 octobre.

Béziers,
le 8 novembre 19..

Messieurs,

Nous accusons réception de votre lettre du 25 octobre dernier, à laquelle nous ne pouvons donner suite.

Il nous est en effet impossible de vous livrer les 35 chemises, réf. 1058, au prix unitaire de 157 F hors taxes, car depuis la rentrée, ce modèle ne figure plus dans notre catalogue. Il a été remplacé par le modèle réf. 1060 dont la coupe s'adapte mieux aux tendances actuelles de la mode. Nous l'avons actuellement en stock et nous pourrions vous le faire parvenir très rapidement.

Notre représentant passera sous peu vous présenter notre nouvelle collection qui, nous l'espérons, continuera de vous donner satisfaction.

Dans l'attente de vos prochains ordres, nous vous prions d'agréer, Messieurs, l'expression de nos sentiments dévoués.

T. Martin

A. Nom du destinataire ______________________

B. Nom de l'expéditeur ______________________

C. Motif de non-exécution de la commande ______________________

D. Solution suggérée ______________________

E. Raison de la visite du représentant des Ets. Rivière ______________________

▲
5. Réponse à une première lettre de commande

Maison FEUGEROLLES
45, rue Gutenberg
71200 Le Creusot

N. réf.:JL / AN / 12
Objet:votre commande du 8 janvier.

Sport et plein air
Centre Commercial
des Santons
06810 Auribeau/Siagne

Le Creusot,
le 22 janvier 19..

Madame,

Nous accusons réception de votre commande du 8 courant. Nous sommes ravis d'entrer en relations commerciales avec vous. Nous pouvons vous confirmer dès à présent que les :

- quatre barbecues à moteur, avec accessoires réf. XR 25,
- cinq barbecues sans moteur, sur roues réf. XA 32, ont été expédiés ce jour par le Sernam selon vos instructions.

Nous vous informons que nos prix sont toujours donnés T.T.C. et livrés franco de port et d'emballage. Tous nos articles sont garantis un an contre tout vice de fabrication. Quant au règlement, il peut se faire soit à trente jours fin de mois de réception ou dans les dix jours suivant la réception avec un escompte de 1,5 %.

Nous nous tenons à votre entière disposition pour de plus amples renseignements.

Veuillez agréer, Madame, l'expression de nos sentiments dévoués.

J. Lamfort

A. Nom du client ______

B. Nom du fournisseur ______

C. Conditions de vente ______

D. Moyen de transport ______

E. Quels sont les passages qui indiquent qu'il s'agit d'une première commande ? ______

______

▲▲▲
6. Après avoir lu les lettres 4 et 5, dégagez les éléments qui figurent généralement dans une lettre de réponse à une commande.

▲
7. Réclamation 1

Pâtisserie-Confiserie Joubert
18, bd. de la République
16000 Angoulême

Nos réf. : TJ / VF / 37
Vos réf. : -
Objet : réclamation

Confiseries Réunies
de l'Isère
46, av. Général de Gaulle
38000 Grenoble

Angoulême,
le 4 décembre 19..

Monsieur le Directeur,

Nous avons commandé le 10 novembre dernier par l'intermédiaire de votre représentant M. C. Martelli :

- 100 boîtes de 250 g de marrons glacés
- 50 boîtes de 500 g de chocolats à la crème
- 100 boîtes de 500 g de chocolats assortis.

Ces articles, selon les accords avec M. Martelli, devaient nous parvenir avant le 30 novembre. Nous sommes déjà le 4 décembre et nous n'avons toujours rien reçu.

Vous pouvez imaginer combien un tel retard peut nous être préjudiciable en cette période de fête.

Si le 10 décembre, dernier délai, nous n'étions pas en possession de la marchandise, nous nous trouverions dans l'obligation de mettre en cause votre responsabilité et de vous réclamer un dédommagement.

Dans cette attente, recevez, Monsieur, l'expression de nos sentiments distingués.

T. Joubert

A. S'agit-il d'une commande directe ? ______

B. Objet détaillé de la lettre ______

C. Conséquences éventuelles de ce retard ______

D. Y a-t-il annulation de la commande ? ______

E. Ton de la lettre ______

▲

8. Réclamation 2

Edith Couture
Place des Quinconces
33000 Bordeaux

Fischer Frères
16, rue du Hase
59200 Tourcoing

Bordeaux,
le 28 janvier 19..

Messieurs,

C'est avec surprise que j'ai constaté en déballant votre colis du 20 courant, qu'un certain nombre de robes présentaient de sérieux défauts : ourlets mal faits,boutonnières mal finies...

Après les avoir examinées en détail, j'ai décidé de vous réexpédier, à vos frais, une partie de cette livraison. Il s'agit de :

- 4 robes Valentine T. 40 et 44
- 2 ensembles Primavera T. 44
- 2 jupes England T. 38 et 40.

Je conserve le reste de la commande car j'ai prévu d'installer la collection Printemps-Eté à partir du 1er février prochain. Pour cela, je dois faire procéder à quelques retouches, aussi vous demanderais-je de m'accorder un rabais de 2 % sur le montant de la facture que vous m'établirez.

C'est la deuxième fois en trois ans que de telles anomalies se produisent. J'espère que vous saurez prendre les mesures nécessaires pour éviter à l'avenir ces fâcheuses négligences. Dans le cas contraire, je me verrais dans l'obligation de mettre fin à nos relations.

Recevez, Messieurs, l'expression de mes sentiments distingués.

E. Crespin

A. Objet et raison de la lettre ____________________

B. Qu'a fait la cliente ? ____________________

C. Compensation demandée ____________________

D. Condition exigée pour éviter la rupture des relations ____________________

▲▲▲

9. Après lecture des deux lettres précédentes, caractérisez la lettre de réclamation.

MISE EN ORDRE DE LETTRES

Remettez en ordre les différentes parties des lettres suivantes.

1. Réponse à une demande de report de paiement.

A. Nous espérons que vous serez satisfait de cette solution car il nous est difficile de faire plus, en raison de nos engagements envers nos propres fournisseurs.

B. Monsieur,

C. Les Papeteries du Centre — Vente en gros — 15, rue Guillaume Apollinaire — 87000 Limoges.

D. Veuillez agréer, Monsieur, l'expression de nos sentiments dévoués.

E. Marcel Létournel — Librairie-Papeterie — 20 square des Diables-Bleus — 87000 Limoges.

F. Limoges, le 3 février 19..

G. Compte tenu de l'ancienneté de nos relations, la régularité de vos règlements et l'importance de la commande, nous acceptons à titre exceptionnel de reporter au 31 mars prochain, sans intérêt de retard, la totalité de votre échéance, soit 12 243 F.

H. Paul Martigues

I. Nous accusons réception de votre lettre du 27 janvier nous demandant de repousser d'un mois le règlement de notre facture S 3456 d'un montant de 12 243 F, que vous deviez nous régler le 28 février prochain.

2. Réclamation 1

A. Mâcon, le 27 février 19..

B. Vous admettrez que de telles erreurs de distribution sont, avec le temps, gênantes pour mademoiselle Monique Martin et pour moi-même.

C. J'ai constaté que, depuis deux mois environ, des lettres qui me sont adressées sont remises à mademoiselle Monique Martin, qui demeure également à Mâcon, rue de l'Église mais au n° 36.

D. Monsieur le Receveur,

E. Mademoiselle Martin m'a dit qu'elle rendait au préposé le courrier qui ne lui était pas destiné et que si, par mégarde, elle l'avait ouvert elle venait, elle-même, le mettre dans ma boîte aux lettres.

F. En vous remerciant à l'avance, je vous prie d'agréer, Monsieur le Receveur, l'expression de me salutations distinguées.

G. Mademoiselle Marie-Jeanne Martin — 8, rue de l'Église — 71000 Mâcon.

H. C'est pourquoi je vous demanderais de bien vouloir faire le nécessaire pour que mon courrie parvienne normalement à mon domicile comme par le passé.

I. Marie-Jeanne Martin

J. Monsieur le Receveur — Poste centrale — 71000 Mâcon.

▲
3. Réclamation 2

A. Je fais, dès à présent, toutes réserves sur le préjudice que je subis en raison du retard dans la li vraison.

B. Gare SNCF — 57000 Metz.

C. Nous sommes le 12 novembre, et je n'ai pas encore reçu de réponse à mon courrier du 28 octobre dans lequelle je vous exposais les faits et vous demandais ce que vos services allaient fair

D. J'ai effectué les réserves d'usage sur votre registre de livraison, et le livreur a également consta que vingt-deux paires de draps étaient salies et invendables.

E. La Maison du Blanc — M. Miragliotta — 16, avenue De Lattre de Tassigny — 57000 Metz.

F. Monsieur le Chef de gare,

G. Si dans un délai de trois jours je n'avais pas de réponse de votre part, je me verrais dans l'obligation de saisir le Tribunal de Commerce et d'engager une procédure en responsabilité, conformément à l'article 106 du Code de commerce.

H. Veuillez agréer, Monsieur le Chef de gare, l'expression de mes salutations distinguées.

I. Je me permets de vous rappeler que le 28 octobre dernier, à 9 heures, la SNCF a livré, à mon domicile, une caisse en provenance de Roubaix contenant quatre-vingts paires de draps. La caisse avait, de toute évidence, été endommagée pendant le transport.

J. Metz, le 12 novembre 19...

K. Pierrette Richard

LETTRES À COMPLÉTER

l'aide des listes de mots, complétez chaque lettre.

. Remerciements

Dr. J. Charbonneau
45, rue des Indes
46100 Figeac

Professeur M. Maccagno
Corso Grande, 28
10100 Torino
Italie

Figeac,
le 12 avril 19...

Cher Confrère,

.... deux jours consacrés .... tourisme dans la région de Florence, ... suis rentré .... Figeac, très satisfait des résultats du VIIIe congrès annuel de médecine homéopathique.

.... à vous exprimer toute ma reconnaissance pour les .... que vous avez eues à .... égard. Comme .... , je vous ferai parvenir .... le 30 avril prochain le compte-rendu du séminaire «Homéopathie et maladies chroniques» dont .... été chargé.

Si vous avez .... de venir dans le Sud-Ouest .... France, n'hésitez pas à .... avertir, je serai .... de vous servir de guide dans la région et de vous faire découvrir les .... qui en font .... renommée.

Je vous exprime .... toutes mes félicitations pour le .... remporté par le congrès et sa parfaite .... J'espère avoir le .... de vous revoir à Bâle lors de la conférence .... des médecins homéopathes.

Je vous prie d'agréer, Cher .... , l'expression de mes sentiments les plus ....

J. Charbonneau

'ai, de la, ravi, sa, organisation, annuelle, cordiaux, avant, attentions, à, au, après, je, succès, plaisir, tiens, mon, convenu, l'occasion, m'en, spécialités, encore, Confrère.

▲

2. Circulaire

Les Jouets du Roy
18, bd. de Cessole
06300 Nice

Nice,
le 2 juillet 19...

P.J. : un catalogue

Madame, Monsieur,

Nous avons .... de vous annoncer que notre maison va .... fêter son centenaire. A .... occasion, nous avons décidé de renouveler notre catalogue. Vous pourrez .... , à partir .... 1er septembre prochain, les articles que vous proposerez à votre clientèle pour les fêtes de Noël, parmi les meilleures marques .... jouets.

Vous trouverez .... , notre nouveau catalogue et nos .... A l'occasion de notre ...., nous consentirons une .... exceptionnelle de 7 % .... toute commande passée avant le 20 septembre.

Nous espérons que cette ...., réservée à nos plus fidèles clients, retiendra votre .... et que vous continuerez au .... des 100 prochaines années, à .... honorer de .... confiance.

Nous .... tenons .... votre entière .... et vous prions d'agréer, Madame, Monsieur, l'expression de nos sentiments dévoués.

Josette Chabert
Directrice commerciale

Tarifs, de, attention, remise, disposition, votre, cette, anniversaire, ci-joint, nous, choisir, du, le plaisir, sur, cours, à, nous, bientôt, promotion.

Demande de renseignements

Sanitaires Maurin
60, rue Jean-Jaurès
31110 Bagnères de Luchon
Tél. : 61 78 45 99

C.C.P. : Bagnères X 902 4
R.C. Toulouse H 37 156 3175

M. le Directeur de l'agence
du Crédit Agricole
15, av. Maréchal Juin
31800 St Gaudens

Bagnères de Luchon,
le 18 juin 19...

N. Réf. : RM / AS / 142
.... : demande de renseignements
P.J. : une ....

Monsieur le Directeur,

Nous venons de recevoir d'un éventuel client dont le nom et l' .... figurent .... la fiche ci-jointe, une commande pour un .... de 75 000 F, ... un tiers à la réception des marchandises, un tiers à 30 jours et le tiers restant à 60 jours.

Ce détaillant nous a indiqué votre agence comme .... référence. .... de nous engager dans une relation commerciale, nous .... disposer de certains ....

Auriez-vous l'amabilité de nous communiquer les .... dont vous disposez à son .... :
- date de .... de l'entreprise,
- régularité des paiements,
- chiffre d' .... ,
- clientèle,
- solvabilité .... du propriétaire ?

Nous vous assurons de notre totale .... et vous .... à l'avance de votre collaboration.

Veuillez agréer, Monsieur le Directeur, l'expression de nos sentiments distingués.

Marc Maurin

imerions, sujet, objet, remercions, renseignements, affaires, personnelle, création, discrétion, sur, mon-nt, possible, adresse, payable, informations, avant, fiche.

4. Réponse à une offre d'emploi

Jacqueline Maillet
12, rue des Saintes-Maries-de-la-Mer
13200 Arles

P. J. : un curriculum vitae

Établissements Ducros Fils
43, rue Frédéric Mistral
13200 Arles

Arles,
le 3 novembre 19...

Monsieur le Directeur,

Je me permets de .... le poste de secrétaire du directeur commercial actuellement .... dans vos établissements et qui a .... de l'annonce parue dans «Le Provençal» d'aujourd'hui.

Veuillez trouver ci-joint mon curriculum vitae. Si vous désirez des renseignements .... à mon sujet vous pouvez .... à M. D. Bernard, directeur commercial de la maison Cassegrain sous .... duquel j'ai travaillé .... cinq ans.

.... le 1er septembre, l'ensemble des services commerciaux de Cassegrain a été .... dans la banlieue de Nîmes, ce qui m'oblige à de très longs déplacements .... ; .... votre annonce a .... toute mon attention.

Je gagne actuellement 6 550 F nets, ... les primes et .... que ce salaire me soit maintenu. Mes employeurs, sachant depuis le 1er octobre qu'il m'était impossible .... me déplacer .... Nîmes, sont disposés à me laisser partir .... j'aurai trouvé une situation ....

Dans l'attente de votre réponse, veuillez agréer, Monsieur le Directeur, l'expression de mes sentiments distingués.

J. Maillet

Quotidiens, vacant, complémentaires, vous adresser, les ordres, retenu, depuis, pendant, c'est pourquoi, je souhaiterais, de continuer à, équivalente, sans compter, transféré, fait l'objet, dès que, jusqu'à, solliciter.

vous de compléter librement les lettres suivantes.

Contre-proposition

Sabatier Frères
15, rue Bayard
07200 Aubenas

Monsieur le Directeur
Distribution Ouest
45, impasse Joly
16000 Angoulême

Vs réf. : CD/MDC/56
Ns réf. : NS/JL/25
P.J. : un lot d' ....

Aubenas,
le 25 juin 19...

Monsieur le Directeur,

Par votre lettre du 18 .... , vous .... avez indiqué que les échantillons de notre dernière crème .... marrons que vous a laissés notre représentant le mois .... , ne vous donnent pas .... satisfaction.

Nous en sommes surpris .... ce produit a été .... bien accepté .... l'ensemble de nos clients étant donné son excellent .... qualité/........

Nous .... proposons d'autres pots-échantillons de .... crème de marrons traditionnelle, dans la composition de laquelle .... , effectivement, moins .... vanille. Nous pouvons vous .... fournir .... prix de 15,20 F le kg, en boîtes .... 500 g.

Nous espérons que .... produit, de qualité supérieure, répondra .... exigences de votre ....

Nous serions .... d'entrer .... relations avec vous et souhaitons .... prochainement votre ordre, à l'exécution duquel nous accorderons .... nos soins.

.... agréer, Monsieur le Directeur, l'expression de nos sentiments ....

Nicolas Sabatier

▲▲
6. Réponse à une réclamation

Synthec, S.A.
72, rue de la Mairie
76000 Rouen
Tél. : 35 60 45 18

Melle C. Bourgeois
28, rue Jean-Bart
76400 Fécamp

P. J. : un catalogue

Rouen,
le 17 mars 19 …

Mademoiselle,

Nous accusons réception de votre lettre .... 8 courant dans laquelle vous nous signalez .... vous n'aviez .... pas reçu :

- les 16 maillots de bain deux .... , tailles 38/40 et 42, ... Brise Marine, avec paréos assortis,
- les 20 serviettes de plage, modèle Riviera.

Nous avons expédié aujourd'hui .... par le Sernam, les 16 .... et paréos que vous recevrez ....

Quant aux serviettes de plage, nous .... pouvons, à notre grand .... , vous préciser la date .... laquelle vous pourrez .... recevoir : notre .... fournisseur n'a pas .... ses engagements.

Veuillez trouver .... un catalogue dans lequel vous pourrez choisir .... articles de qualité équivalente, ... nous sommes .... mesure de vous livrer sous huitaine.

Nous .... que ce retard ne perturbera pas .... ventes et que vous continuerez à nous .... de votre confiance.

Veuillez croire, Mademoiselle, ... nos sentiments très dévoués.

Joël Martin

▲▲

7. Réclamation

François Pouriel
Plombier-zingueur
18, place Napoléon III
63150 La Bourboule

Monsieur le Directeur
Agence du Crédit Lyonnais
3 rue de la Source
63150 La Bourboule

La Bourboule,
le 25 janvier 19 …

Monsieur le Directeur,

Je .... de recevoir .... lettre du 22 janvier dans .... vous m'informez que le chèque n° 317621 CO de 6 300 F que j'ai .... sur votre agence le 18 .... , au .... de M. J. Fournier ne peut être payé pour insuffisance de ....

Je suis très .... , en effet, je vous ai remis le 28 décembre, ... encaissement, une lettre de .... de 7 300 F, payable le 31 décembre et .... à la Société Générale, agence de Billom.

Je ne comprends pas que son .... n'ait pas encore été, à cette date .... au crédit de mon .... Comme cette .... a été acceptée, je vous demande de .... sans tarder le chèque de M. Fournier. .... retard supplémentaire risquerait d' .... préjudiciable à ma .... réputation.

Je vous demande de .... vouloir .... les recherches nécessaires et j'espère .... aboutiront rapidement.

En vous .... à l'avance de votre diligence, recevez, Monsieur le Directeur, l'expression de mes .... distinguées.

F. Pouriel

▲▲
8. Engagement

Sté de Construction de la Lorraine
(S.A. au capital de 6.000.000 F)
125, rue Léon Blum
68200 Mulhouse

N. réf. : BV/SC
V. réf. : -
Objet : engagement.

Melle P. Hugues
67, rue Rhin et Danube
68200 Mulhouse

Mulhouse,
le 12 mars 19...

Mademoiselle,

A la .... de l'entretien que nous avons .... le 6 mars, nous avons décidé de vous .... dans notre société, en .... de chef du personnel. Comme .... , vos appointements .... bruts seront de 12 256 F, correspondant à 39 .... de travail .... , avec possibilité de révision au .... de 6 mois.

D'autre part, vous bénéficierez du treizième ...... , de cinq semaines de .... et de divers .... figurant dans le règlement .... de l'entreprise.

Vous .... à travailler pour nous le 2 mai .... Nous vous demandons .... nous .... votre accord .... le 20 mars, à partir de cette .... nous nous considérerions .... de tout engagement envers vous.

Dans .... , veuillez .... , Mademoiselle, l'expression de nos salutations distinguées.

Bernard Verdiel
Directeur adjoint

▲▲
9. Offre de nouveaux produits

Spécialités Gastronomiques
Le Cloarec
12, impasse Jean-Bart
29200 Brest

N. réf. : LQ/MJ/42
V. réf. : DM/LB/28

Dosamon S.A.
C/Freixa 175
08021 Barcelone
Espagne

Brest,
le 2 mars 19 …

Chère Madame,

.... à .... différents entretiens .... et sur votre demande, nous vous avons .... aujourd'hui .... , par .... postal aérien, des .... de notre gamme de feuilletés «Prêts à garnir».

Pour les prochaines .... de Pâques, nous avons prévu de lancer .... le marché de .... produits. .... s'agit de feuilletés sucrés ou recouverts .... chocolat pouvant être .... dans la confection de desserts. Les tests effectués .... à présent laissent augurer un bon accueil de la .... de la clientèle.

Nous nous permettrons de vous adresser .... échantillons dès que nous .... lancé la fabrication.

Par ailleurs, nous avons .... noté la date d'arrivée de votre directeur .... pour discuter les .... d'un éventuel .... d'exclusivité.

Nous vous souhaitons bonne réception de cette .... ainsi que du .... , et vous prions de .... , Madame, en l'expression de nos sentiments dévoués.

Loïc Quenec

P.S. : Nous vous ferons .... le prix et les fiches techniques de nos nouveaux conditionnements .... possible.

RÉDACTION DE LETTRES

Rédigez quatre lettres à partir des données suivantes.

▲▲
1. Demande de renseignements

Les établissements Datalux, 18, avenue de l'Aérospatiale à Blagnac (31700), écrivent à la Compagnie Transroute, 95, bd. de Strasbourg 31000 Toulouse, pour connaître leurs conditions pour le transport de 10 caisses de matériel électronique qu'ils doivent envoyer à Perpignan depuis leur usine de Blagnac.

▲▲
2. Réponse à une commande

La maison Richard et fils, 25, bd. des Alpes à Villeurbanne (69100), accuse réception de la commande n° 48 du 15 courant des établissements Blousyl (6, rue de l'Abreuvoir, 38000 Grenoble) : 15 chemisiers en polyester T. 40, vieux-rose, réf. E 215, prix unitaire : 45 F; 10 chemisiers en crêpe blanc T. 42, réf. E 220, prix unitaire 57 F. L'exécution de la commande ne pose aucun problème, et se fait dans les conditions habituelles.

▲▲
3. Réponse à une commande (difficulté d'exécution)

Les données sont les mêmes que pour la lettre précédente mais la maison Richard ne dispose plus en stock que de 4 chemisiers en crêpe. Elle propose d'exécuter le reste de la commande et d'envoyer, dans un délai de dix jours, les articles manquants. Elle attend la décision de son client.

▲▲
4. Réclamation

La librairie-papeterie Pellerin (5, rue de l'Annonciation, 7516 Paris), a reçu le 3 juin le relevé de factures de son fournisseur les établissements Girieux (8, rue de l'Egalité 95200 Sarcelles) avec avis d'une traite d'un montant de 5 978 F, échéance fin juin. Michel Pellerin qui a l'habitude de régler ses factures à 60 jours écrit à son fournisseur pour lui rappeler leurs accords et lui demande de faire en sorte que la traite ne soit présentée qu'à la fin juillet.

Répondez aux lettres suivantes en tenant compte des instructions données en surimpression.

▲▲

5. Réservation de chambres

Porta S.A.
5, rue Rousseau
75015 Paris
Télex : 20024 F
Télécopie : 44 52 72 01

Hôtel des Expositions
36, av. du Rhône
69003 Lyon

Paris,
le 14 février 19 …

N. réf. : PO/NP/32
V. réf. : -
Objet : réservation de chambres

Accuser réception

Monsieur,

Des membres de notre entreprise vont participer au Salon International de l'Aluminium, nous vous prions de bien vouloir leur réserver :

320 F la nuit / chambre - 2 chambres à 2 lits, *Avec douche seulement et T.V.*
250 F " / " - 3 chambres à 1 lit avec salle de bains,
du 12 au 16 avril compris
- une salle de réunion pour 25 personnes avec téléphone, télex et photocopieur pour les 13 et 14 avril de 9 h à 12 h. *Pas de télex*

Nous vous demandons de nous faire parvenir dans les meilleurs délais vos conditions pour ces réservations.

Veuillez agréer, Monsieur, nos salutations distinguées.

Le Directeur commercial

Pour la salle c'est d'accord 750 F par matinée téléphone, boissons et photocopies en supplément. Demander confirmation avant le 15 mars et 25 % d'arrhes.

▲
6. Report d'échéance

Bonneterie Mercier
25, place Jeanne d'Arc
45100 Orléans

Filatures du Nord
90, rue du Débarquement
76000 Roubaix

Orléans,
le 11 septembre 19 ...

Monsieur,

Accuser réception

La lettre de change que vous avez tirée sur ma banque le Crédit Mutuel de l'Ouest en règlement de votre facture n° 1615 du 12 juin pour un montant de 25 352 F arrive à échéance à la fin du mois.

Refus car 3 fois en 2 ans

Malheureusement, je ne serai pas en mesure d'honorer mes engagements à cette date.

Difficultés propres de trésorerie

Cliente de longue date de votre maison, j'ose espérer de nouveau pouvoir compter sur votre compréhension et sur un report d'échéance au 30 octobre.

Dans l'espoir d'une réponse favorable de votre part, je vous prie de croire, Monsieur, en l'assurance de mes sentiments les meilleurs.

Espoir paiement 30 septembre, sinon facture au service contentieux

G. Mercier

. Réclamation

Epicerie Macarcq
11, rue Francisco Goya
33000 Bordeaux

Megabyte S.A.
20, square des Martyrs
33000 Bordeaux

Bordeaux,
le 27 mai 19 ...

Monsieur,

Accuser réception

Il y a 2 jours que nous a été livrée une machine à calculer électronique, réf. 241. Nous avons eu la désagréable surprise de constater en l'essayant que son fonctionnement s'avère défectueux : la touche de multiplication ne revient pas en place automatiquement, ce qui nous empêche d'effectuer nos comptes.

Surprise car première réclamation sur ce modèle

Vous pouvez imaginer aisément le retard que cela nous occasionne, d'autant plus que vous avez repris notre ancienne machine avec laquelle nous n'avons jamais eu le moindre problème.

Garantie effective

Je vous demande donc de faire jouer immédiatement la garantie et de m'envoyer un technicien.

En espérant que vous trouverez une solution rapide à ce fâcheux incident, je vous prie d'agréer, Monsieur, mes salutations distinguées.

L. Macarcq

Envoi immédiat d'un technicien

▲
8. Appel d'offres

Maison Rougeau
Négociant en champagne
128, avenue Bonsoleil
51100 Reims

Imprimerie Nouvelle
6, impasse des Lilas
51100 Reims

N. réf. : J.-P.M/JC/22
V. réf. : -
Objet : appel d'offres
P.J. : manuscrit - modèle

Reims,
le 4 juin 19 ...

Accuser réception aujourd'hui même

Monsieur,

Nous vous prions de bien vouloir nous communiquer sous huitaine vos meilleures conditions relatives à l'impression de cartes de visite pour nos représentants.

Le modèle F 12 de votre catalogue nous convient et nous aimerions connaître vos tarifs pour :

- 8 x 1000 cartes modèle F 12 avec photo couleur. *150 F le cent*
- 8 x 1000 cartes modèle F 12 avec photo N/B. *120 F le cent*
- 8 x 1000 cartes modèle F 12 sans photo. *80 F le cent*

avec les indications figurant sur le manuscrit ci-joint.

10 jours si commande ferme avant le 15 juin

Nous souhaitons les recevoir dans les 15 jours suivant la date de la commande. Nous réglerons par chèque à la livraison.

Veuillez agréer, Monsieur, l'expression de mes sentiments distingués.

À retirer à nos ateliers (1 % escompte)

J. P. Marinier

DEMANDE D'EMPLOI

Écrivez les lettres de réponse aux petites annonces suivantes :

▲
1. Secrétariat

Sté Machines-Outils
recherche

SECRÉTAIRE

Niveau BTS, expér. 5 ans.
Secrétariat, offres, suivi clients,
connaissant si possible
TTX MACINTOSH

Poste vivant, évolutif pour
candidate organisée ayant
initiative et sens du contact.
Envoyer C.V., photo et prétentions.
COUPE, 36, rue de l'Orillon,
75011 Paris.

▲
2. Accueil

Organisme financier
quartier Saint-Lazare
recherche une

HÔTESSE-STANDARDISTE

2 ans d'expérience min.
un poste similaire indispensable
Excellente présentation,
dynamique, efficace et
ayant une bonne mémoire
DISPONIBLE RAPIDEMENT
Salaire 100.000 F primes comprises.
Merci d'envoyer c.v.
et photo sous réf. SI/9 à
RECRUTE-PLUS
75, rue de Provence 75009 Paris

▲
3. Production

Sté Lyon-Centre cherche

INGÉNIEUR OU CADRE

devant assurer la production
de produits électroniques.
Expér. indispensable dans
la logistique de production
et en électronique
en général.
Poste d'avenir.
Ecrire à Sté ELECTRA
18, rue de la Bombarde
69002 Lyon

▲
4. Comptabilité

Nouvelle sté rech.
pour son Siège Social à
Montpellier

COMPTABLE UNIQUE ÉXPERIMENTÉ

pour

- Tenu de comptabilité sur
informatique
- Suivi comptable et financier,
déclarations sociales et TVA

ÉVOLUTION POSSIBLE
Env. lettre manuscrite
avec C.V. et prét. à
H. GAUTHIER
5, rue Auguste Bartholdi
75015 Paris

En vous inspirant de ce modèle, établissez les curriculums vitae des personnes suivantes.

Emilie BLIN
31, rue Sainte Venise
75011 Paris
Tél. : 40 60 42 14

Née à Pantin, le 5 avril 1961
Célibataire
Nationalité française

Formation

1979 Baccalauréat G, Lycée Gérard Philipe de Nanterre.
1981 B.T.S. de secrétariat trilingue (français, anglais, allemand), Lycée Emile Zola d'Aubervilliers.
1983 Licence de langues vivantes (anglais, allemand), Université de Saint-Denis.

Expériences professionnelles

1981-1982 Stages de secrétariat de direction : Sociétés Gervais-Danone et Renault, Paris.
1982-1990 Secrétariat de direction trilingue, Rhône-Poulenc, service commercial Paris-La Défense.

Langues : Anglais et allemand, nombreux séjours linguistiques en Angleterre et en R.F.A.
Loisirs : Le ski, le cinéma et le yoga.

▲
1. Responsable des relations extérieures

Marie-Louise Berger est divorcée et sans enfants.
Elle a 38 ans et est née à Pondichéry (Inde).
Elle est française.
Elle a fait ses études secondaires au Lycée français de Bogota (Colombie). Elle a obtenu son Bac avec mention «très bien» à 17 ans. Elle a fait ses études à HEC pendant trois ans. Elle a fait ensuite un stage d'un an à la Société Générale à Barcelone (Espagne), puis elle est partie à la Kommersbank de Francfort pendant 5 ans. Elle s'est mariée à 27 ans et est restée 3 ans sans travailler.
Elle a ensuite obtenu un poste à la Société Générale à Paris où elle est actuellement directrice du service extérieur.
Elle habite à Paris dans le 16e arrondissement.
Elle parle espagnol, anglais et allemand.
Elle est disposée à voyager.

▲
2. Visiteur médical

Frédéric Porté vient d'avoir 30 ans il y a deux jours. Il a fait ses études secondaires au lycée Carnot à Cannes.
Il habite 25 rue du Moulin à Mougins (06250).
Il est célibataire et français.
Il est né au Canet-Rocheville.
Il a obtenu le Bac à 20 ans. Il a fait son service militaire à Tarbes dans les parachutistes. Il rentre en faculté de médecine à Nice à 22 ans. Au bout de 3 ans d'études il abandonne après avoir passé le Diplôme Universitaire d'Études Scientifiques.
Il a travaillé 2 ans dans la pharmacie de son père et il est représentant depuis 3 ans des laboratoires Roche. Il parle anglais.

▲
3. Éducateur spécialisé

Francis Taffon. Il aura 45 ans le 22 décembre. Il est marié et a 3 enfants. Il est né à Marignac (31440). Il a fait le service militaire au Mans à 19 ans.
Il habite à Aurignac, 15 rue du Château (31420). Il est français.
Il a fait ses études secondaires au lycée Raymond Naves à Toulouse.
Il a obtenu le baccalauréat à 18 ans.
Après l'armée, il a commencé ses 3 ans d'études d'éducateur spécialisé au Centre de Formation d'Éducateur Spécialisé O.R.F.E.A. à Toulouse.
Il a eu son premier travail à 24 ans à l'École Jules Ferry. Il y est resté 2 ans, à mi-temps.
Il a effectué plusieurs stages à l'école des Enfants Malades de l'hôpital Purpan de Toulouse.
Il occupe depuis 19 ans un poste à plein temps à Saint-Gaudens au Centre Letourneur. Il publie régulièrement des articles dans les revues «Les Nouvelles du C.R.E.A.I.» et «Le Lien Social».

LETTRES À CORRIGER

À vous de corriger les erreurs qui se sont glissées dans les lettres suivantes.

▲
1. Demande de renseignements

J. Lambertin
Hôtel-restaurant Napoléon
45 bis, quai des Brumes
62100 Calais

Monsieur Pierre Meyer
Hôtel-restaurant «L'escale»
1, place des Quatre Vents
62200 Boulogne-sur-Mer

Calais,
le 26 avril 19 ...

Monsieur et cher **consœur**,

La personne dont le **prénom** figure sur la **feuille ci-ajoutée** sollicite un **profession** de chef de rang dans **le bar** que je possède.

Elle m'a indiqué, dans sa **pétition**, qu'elle avait occupé chez **toi** un emploi identique, du 1er mai au 30 septembre, et cessé son travail à la fin de la **station**.

Je vous **serai** très reconnaissant de bien **pouvoir** me fournir sur elle toutes les informations **qui** vous jugerez **inutile** de me donner concernant son caractère, ses capacités et son comportement dans le **boulot**.

Soyez **rassuré** que j'observerai une totale **indiscrétion** à son **thème**.

Veuillez agréer, Monsieur et cher **collègue**, **l'impression** de mes sentiments les meilleurs.

J. Lambertin

▲
2. Demande de rectification

Mlle Gautier Madeleine
Fleuriste
12, place du Capitole
78000 Versailles

Monsieur l'Inspecteur des Impôts
de Versailles-centre
78000 Versailles

Versailles,
le 25 février 19 ...

Monsieur le **Directeur**,

Après avoir déposé dans la boîte aux **papiers** de l'inspection des **taxes** du boulevard de Strasbourg ma déclaration de **rentes** pour l'année 19.., je me suis rendu **conte** aujourd'hui d'une **équivoque** dans la comptabilité du bénéfice de mon affaire.

En effet, j'ai déduit deux **coups** la taxe foncière que j'ai **payé** l'an **dernière** et qui **se lève** à 956 F.

Je vous **serai dont** reconnaissante de bien **désirer** rectifier ma déclaration et de ramener le bénéfice imposable de **votre** commerce de 49 592 F à 50 548 F (49 592 F + 956 F).

Je vous remercie d'avance de **ta** compréhension.

Voulez agréer, **Madame** l'Inspecteur, mes **saluts** distinguées.

M. Gautier

▲
3. Modification de tarifs

M. Blanchard
Négociant en vin à Bordeaux
45, rue des Moissons
33000 Bordeaux

Epicerie fine Ascatel
32, place de l'Eglise
63000 Clermont-Ferrand

Bordeaux,
le 18 juin 19 ...

Monsieur,

Nous vous **disons merci** de votre télex du 15 **suivant** par lequel vous nous passiez demande de 10 **caissons** de 12 bouteilles de St-Emilion cuvée réservée.

Nous vous **informez** cependant que le prix **que** figure sur votre commande ne **correspondent** plus à notre dernier tarif ci-joint.

Depuis janvier **prochain**, les vins de Bordeaux de la **quantité** que vous avez choisie ont subi une légère **montée**. Notre prix actuel a été calculé au plus **large**, et nous vous précisons qu'il n'est **pas** valable que pour **un temps** de deux mois. Nous pensons en effet que les cours vont **reconnaître** une **neuve** hausse.

Notre réserve de ce cru est assez **illimitée** et nous craignons de ne pas **savoir** vous en proposer avant longtemps à de telles **circonstances**.

Nous vous demandons **puis** de bien vouloir nous **affirmer** votre ordre à ce **nouvel** prix le plus rapidement possible.

Nous espérons que vous **entendrez** que, dans ces conditions, nous ayons **attardé** l'exécution de votre commande jusqu'à ce que vous nous informiez de votre **déception**.

Veuillez agréer, **Madame, les expressions** de nos sentiments dévoués.

M. Blanchard

LE DOCUMENT DE PRESSE

PHRASES À COMPLÉTER

▲
1. Satellite

Astra : 2 000 francs pour la réception

Le satellite Astra (1,2 milliard de francs d'investissement), qui devrait être lancé à la mi-décembre, proposera dix-sept programmes de télévision, qui pourront être reçus sur une large partie de l'Europe, dont la France, grâce à des antennes de 60 centimètres de diamètre.

La firme Amstrad s'est engagée, selon un représentant d'Astra présent à Rome, à fournir le matériel de réception nécessaire à chaque foyer (tuner, antenne, convertisseur) pour 200 livres. La firme allemande Technisat proposerait un même ordre de prix (entre 2 000 et 2 500 francs). Un mouvement qui devrait être suivi par d'autres industriels.

A titre de comparaison, les industriels français proposeraient actuellement le matériel de réception individuelle de TDF 1 (qui comprendra un décodeur D2 Mac Paquet) à 5 000 francs. Un prix qu'André Rousselet, président de Canal Plus, candidat à deux canaux sur le satellite français (pour Canal Plus Famille et une version allemande de la chaîne cryptée), voudrait voir baisser de moitié, l'accord passé avec France Télécom pour la mise au point d'un décodeur multifonctions allant dans ce sens.

Le Figaro, 11 octobre 1988.

A. Les .... français proposeraient .... le matériel .... individuelle à 5 000 francs.

B. .... Amstrad s'est engagée, selon .... d'Astra présent à Rome, à .... le matériel de réception .... à chaque foyer pour 200 livres.

C. .... Astra qui devrait être .... à la mi-décembre, ... dix-sept .... de télévision, ... pourront être .... sur une large .... de l'Europe.

D. .... allemande Technisat proposerait .... ordre de .... (........ 2 000 .... 2 500 francs).

Airbus A - 320 : premier bilan d'exploitation satisfaisant

Les sept Airbus A-320 déjà livrés à Air France, Air Inter et British Airways, avaient atteint à la fin du mois de juillet un taux de régularité technique de 97,1 % depuis trois mois d'exploitation.

«Cette mise en service s'est bien passée, malgré la perte déplorable de l'un des trois A-320 d'Air France détruit lors d'un accident au cours duquel, selon le rapport préliminaire officiel de la commission d'enquête, ni l'appareil, ni ses systèmes, ni sa définition ne sont en cause», précise «Airbus Letter», à propos de l'accident du 26 juin à Mulhouse-Habsheim.

La flotte des A-320 a effectué un total de 2.062 heures de vol, au cours de 1.820 vols d'exploitation.

Le seul appareil livré à Air Inter a obtenu en juillet un taux de régularité technique de 99,5 %, pour une utilisation quotidienne moyenne de cinq heures et cinquante minutes.

Nice-Matin, 10 août 1988.

A. Les sept Airbus A-320 .... à Air France, Air Inter et British Airways, avaient atteint à la .... de juillet, un taux de régularité .... de 97,1 %.

B. L'un des trois Airbus A-320 d'Air France a été .... lors d'un accident à .... le ....

C. Selon le .... préliminaire de la commission d'enquête, ni .... , ni ses systèmes, ne sont ....

D. Le .... Airbus A-320 d'Air Inter est utilisé .... cinq heures et cinquante minutes.

▲▲▲
3. Facturation des chèques

Banques : les clients prêts à faire jouer la concurrence

Globalement satisfaits des services que leur offrent les banques, les Français sont cependant prêts à faire jouer la concurrence entre elles, en s'adressant notamment à des institutions étrangères, si leur agence traditionnelle décidait de facturer les chèques ou s'ils pouvaient obtenir un crédit moins cher ailleurs. Plus de deux Français sur trois se disent prêts à franchir le pas.

Un sondage réalisé par l'I.N.C. (Institut national de la consommation) et publié dans le dernier numéro de la revue «Cinquante Millions de Consommateurs» montre également que les Français — dont 97 % des plus de dix-huit ans possèdent un compte bancaire — refusent à plus de 88 % la tarification des chèques, la facturation des retraits dans les distributeurs automatiques de billets ou la facturation des opérations de virement ou de fermeture d'un compte. Et 78 % refuseraient de payer les relevés bancaires. Même pour une fréquence personnalisée.

Nice-Matin, 8 septembre 1988

A. Si la banque lui .... ses chèques, le Français .... à faire jouer la .... : il pourrait même .... à des institutions ....

B. Un sondage .... dans une revue destinée aux .... montre que la facturation des .... dans les .... serait très mal .... par les ....

C. 78 % des .... refuseraient de payer les ....

VRAI OU FAUX ?

Lisez les textes suivants et dites si les affirmations sont vraies ou fausses.

. Automobile

Les tarifs des constructeurs automobiles sont à la baisse

Après les augmentations effectuées début juillet par les constructeurs automobiles français, la plupart des importateurs de voitures étrangères ont affiché dans la plus grande discrétion leurs nouveaux tarifs, le 1er août. Ils sont en hausse moyenne de 2,2 à 2,7 %.

Ainsi, mis à part Ford qui avait augmenté les prix de ses voitures de 2,7 % en moyenne dès le 16 juillet, B.M.W. a annoncé mercredi un relèvement de ses tarifs de 2,2 % en moyenne à partir du 16 août. Volkswagen a appliqué un coup de pouce de l'ordre de 2,5 %. La firme italienne Fiat s'est contentée d'une révision de sa tarification de 2,2 %.

Nice-Matin, 11 août 1988.

	V	F
A. Les prix des automobiles sont stables	☐	☐
B. Les importateurs ont été les premiers à augmenter leurs tarifs	☐	☐
C. La hausse est inférieure à 3 %	☐	☐
D. C'est Ford qui a réalisé l'augmentation la plus basse	☐	☐
E. Deux firmes ont appliqué la même augmentation	☐	☐

▲
2. Économie japonaise

L'excédent commercial japonais augmente pour la première fois depuis quinze mois

Après quatorze mois de baisse ininterrompue, le chiffre de l'excédent commercial japonais pour le mois de juillet est en hausse.

L'excédent commercial japonais du mois de juillet 1988 qui a atteint 7,17 milliards de dollars (45 milliards de francs) surpasse à la fois le chiffre du mois précédent (5,92 milliards de dollars) et celui de 1987 pour la même période (6,93 milliards de dollars).

De fait, la balance commerciale nippone reflète la hausse récente du billet vert par rapport au yen, qui rend les produits japonais plus compétitifs à l'étranger et les produits importés plus chers pour les consommateurs japonais.

Nice-Matin, 11 août 1988.

	V	F
A. La tendance à la baisse de l'excédent commercial japonais se maintient	❑	❑
B. L'excédent commercial du mois de juillet 87 est inférieur à celui de juillet 88	❑	❑
C. Le dollar est aussi appelé «billet vert»	❑	❑
D. La hausse du dollar favorise l'exportation des produits japonais	❑	❑
E. Les importations sont également favorisées par cette situation	❑	❑

Guerre du Golfe : dégâts limités pour les assureurs français

Le C.D.I.A. (Centre de documentation et d'information de l'assurance) a publié un premier bilan du conflit Iran-Irak pour les assureurs Il apparaît que la trésorerie des compagnies françaises a finalement peu souffert de cette guerre : elles ont déboursé environ 100 millions de francs entre janvier 1980 et juin 1988 pour indemniser les navires français endommagés dans la région du Golfe.

Durant ces huit ans et demi de conflit, où 600 bâtiments ont été détruits ou endommagés, où 500 membres d'équipage ont trouvé la mort au cours d'affrontements, les assureurs du monde entier ont dû débourser une somme globale de 7,2 milliards de francs, au titre du coût des dommages matériels affectant les seuls navires civils.

Le C.D.I.A. précise : «Cette faible participation de l'assurance française s'explique par le fait que relativement peu de bâtiments français naviguent dans le Golfe et que les assureurs nationaux ne sont pas intervenus au début des hostilités.»

Nice-Matin, 25 juillet 1988.

	V	F
A. La guerre Iran-Irak a coûté très cher aux compagnies françaises d'assurance	❑	❑
B. Les affrontements ont duré plus de huit ans	❑	❑
C. 500 navires ont été endommagés	❑	❑
D. Les navires français circulaient beaucoup dans la région du Golfe	❑	❑
E. Les assureurs français ont été concernés au début du conflit	❑	❑

PHRASES À TERMINER

Lisez les textes suivants et terminez les phrases (il peut y avoir plusieurs bonnes réponses).

▲
1. Sécurité

Accidents du travail : en baisse depuis huit ans

Pour la huitième année consécutive, les accidents du travail sont en diminution comme le confirment les statistiques que vient de publier la Caisse nationale d'assurance maladie pour 1986 : 690 602 arrêts contre 731 800 en 1985. Pour la première fois, les accidents mortels du travail sont passés en dessous de la barre des 1 000, avec 978 victimes. Ces statistiques qui portent sur 13 millions de salariés montrent que les accidents du travail ont entraîné 22 millions de journées de travail perdues, l'ensemble des accidents coûtant près de 15 milliards.

Le coût moyen brut pour la Sécurité Sociale d'un accident avec arrêt a été en 1986 de 8 390 francs et de 133 856 francs pour un accident entraînant une incapacité permanente. Bien que là aussi ils soient en baisse, ce qui n'est pas sans rapport avec la diminution de l'emploi dans ces secteurs, ce sont le bâtiment et la métallurgie qui paient le plus lourd tribut. D'une façon générale, les moins de trente ans ont plus d'accidents que la moyenne, mais les plus de trente ans sont plus gravement atteints et s'absentent plus longtemps.

Le Figaro, 23-24 juillet 1988.

A. La tendance des accidents du travail
  1. est à la hausse.
  2. se maintient.
  3. est en baisse.

B. Les statistiques portent
  1. sur l'ensemble de la population.
  2. sur les salariés.
  3. sur les professions libérales.

C. Les accidents du travail sont plus fréquents
  1. dans la construction.
  2. dans les transports.
  3. dans la métallurgie.

D. Les statistiques montrent que
  1. les accidents sont plus fréquents chez les moins de 30 ans.
  2. les accidents sont plus graves chez les moins de 30 ans.
  3. les moins de 30 ans perdent plus de journées de travail que la moyenne.

E. La Sécurité Sociale
  1. prend en charge les accidents avec arrêt de travail.
  2. ne couvre pas l'incapacité permanente.
  3. a dépensé 22 millions de francs pour les accidents du travail.

La pose du câble à fibres optiques France - États-Unis est achevée

IL EST DESTINÉ AUX LIAISONS TÉLÉPHONIQUES

Le navire câblier «Vercors», exploité par France-Télécom, vient de mouiller au large de la pointe de la Torche (Finistère), après avoir enfoui au fond de la mer 400 kilomètres de câble à fibres optiques, destiné aux liaisons téléphoniques France-Etats-Unis.

Le câble à fils de cuivre, posé il y a plusieurs dizaines d'années, est, en effet, en passe d'être abandonné : il était d'un entretien plus coûteux et n'était que posé sur le fond de la mer. Il n'était pas rare que des engins de pêche l'accrochent, l'endommageant ou même le sectionnant. La réparation n'allait pas sans difficultés.

C'est en décembre prochain qu'entre la France et les Etats-Unis, on passera du cuivre à la fibre optique des nouveaux câbles.

Le «Vercors» sera affecté à d'autres missions, en Méditerranée, pour remplacer d'autres câbles à fils de cuivre, qui partent aujourd'hui vers le Moyen-Orient et l'Asie, des régions avec lesquelles il est également nécessaire d'augmenter les possibilités d'échanges téléphoniques.

Le câble à fibres optiques France - Etats-Unis portera de 4 000 à 8 000 le nombre de communications transatlantiques. Il améliorera aussi notablement la qualité d'écoute.

Il permettra, d'autre part, de connecter des ordinateurs entre la France et les Etats-Unis.

La pose du «câble optique» à travers l'Atlantique a nécessité un investissement de l'ordre de 350 millions de dollars (2 100 millions de francs environ), une dépense à laquelle ont participé Américains, Français et Britanniques.

Nice-Matin, 20 août 1988.

A. Le «Vercors»
1. continue sa mission entre la France et les États-Unis.
2. a fini sa mission entre la France et les États-Unis.
3. commence sa mission entre la France et les États-Unis.

B. Le câble à fibres optiques est destiné
1. à améliorer les communications téléphoniques.
2. à permettre la connexion d'ordinateurs entre la France et les États-Unis.
3. à remplacer les câbles à fils de cuivre.

C. Les câbles à fils de cuivre sont remplacés parce que
1. ils sont difficiles à réparer.
2. leur entretien n'est pas coûteux.
3. ils sont enfouis au fond de la mer.

D. Le «Vercors»
1. retourne aux États-Unis.
2. sera envoyé en Méditerranée.
3. part en mission en Asie.

E. L'installation du câble a été financée par
1. la France et les États-Unis.
2. tous les pays européens.
3. les États-Unis, la France et la Grande-Bretagne.

▲
3. Tarifs postaux

Courrier : le prix du timbre inchangé Baisse des tarifs internationnaux mais hausse du coût des services financiers

Le ministère des P.T.T. a décidé de baisser de 1,6 % en moyenne les tarifs postaux internationaux. Les tarifs du courrier pour la France ne bougent pas, tandis qu'un coup de pouce de 7,1 % en moyenne sera appliqué aux services financiers, notamment les mandats. Les nouveaux tarifs entreront en application dès le 16 août.

En France, le prix des lettres et des plis non urgents, quel que soit leur poids, «ne change pas», précise le communiqué des P.T.T. : «Le tarif de la lettre à 2,20 F n'a pas été modifié. Ce tarif connaît ainsi une baisse de 7,5 % en francs constants (c'est-à-dire, compte tenu de l'inflation, depuis 1985)». Le timbre pour les lettres non urgentes reste pour sa part fixé à 2 francs.

Colis de 5 à 7 kg

Pour ce qui est des colis, les envois en vitesse ordinaire conservent des tarifs inchangés, en revanche, les paquets en urgent enregistrent une augmentation de 6 %. Mais, pour faire face à la concurrence, le poids limite accepté pour les colis passera de 5 kg, à l'heure actuelle, à 7 kg. «Au total, souligne le ministère, ces modifications tarifaires se traduisent par une quasi-stagnation des tarifs de l'ensemble du courrier : plus 0,3 %.»

«Longs courriers» : moins 6,5 %

Quant aux lettres (jusqu'à 20 g) envoyées à l'étranger, la surtaxe aérienne va baisser de 6,5 %. Ainsi, pour l'Algérie, il faudra affranchir les lettres à 3,90 F à partir de mardi prochain, contre 4 F aujourd'hui, et à 3,50 F pour la Tunisie ou le Maroc, contre 3,60 F. Le tarif des lettres pour les pays d'Asie diminue également. L'envoi d'une lettre pour le Japon va coûter 6,90 F, contre 7,20 F à l'heure actuelle.

Mandats : plus 10 %

Par ailleurs, les services financiers déficitaires de la Poste voient leurs tarifs augmenter de 7,1 % en moyenne. En clair, cela veut dire que le tarif pour envoyer un mandat en France est en augmentation de 10 % et celui pour les mandats internationaux de 3 %.

Nice-Matin, 12 août 1988.

A. Les tarifs du courrier intérieur
1. baissent.
2. se maintiennent.
3. vont augmenter.

B. En France, il y a
1. un tarif unique.
2. un double tarif pour les lettres et les colis.
3. une suppression du tarif pour les plis urgents.

C. Pour l'étranger, le tarif des lettres expédiées par avion
1. augmente de 10 %.
2. baisse de plus de 5 %.
3. ne change pas.

D. Pour envoyer un mandat
1. en France, il faudra payer plus cher.
2. à l'étranger, le tarif diminue.
3. le tarif est le même pour la France et l'étranger.

E. Les tarifs du courrier pour l'étranger
1. ne bougent pas.
2. baissent de plus de 1,5 %.
3. baissent de 7,1 %.

RECHERCHE D'ÉQUIVALENCE

Relevez dans les textes la ou les phrases qui correspond (ent) aux affirmations suivantes.

▲
1. Consommation

Succès pour les labels

Grand succès pour les «Label Rouge», logos «NF» et autres appellations contrôlées : non seulement les consommateurs connaissent les labels officiels de qualité, mais souhaitent aussi qu'ils soient davantage utilisés et que la Communauté Economique Européenne adopte un signe unique, révèle une étude publiée dans un récent numéro de la «Revue de la concurrence et de la consommation».

Si 36 % des personnes interrogées lors d'un sondage affirment «la qualité, oui, mais le prix d'abord», 49 % ont déclaré que la qualité était leur premier critère de choix d'un produit ou d'un service.

Pour guider leur choix en fonction de ce critère, 76,5 % des personnes interrogées font confiance aux signes officiels de qualité et même leur accordent de l'importance (63 %) avant d'acheter un produit ou de choisir un hôtel, un voyage ou un restaurant.

Rien d'étonnant alors que les signes officiels de qualité soient connus de la grande majorité des consommateurs (76,5 %). Le «Label Rouge» est le plus cité, avec 78 %. Le logo «NF» et la mention «Appellation d'origine» viennent ensuite avec 68 % et 38 %.

Le signe le moins connu, avec 2,5 % de citations, est la mention «VDQS» (Vin délimité de qualité supérieure).

Cependant les consommateurs ont parfois du mal à s'y retrouver et 71 % préféreraient trouver un signe officiel unique. Ils estiment même, à une écrasante majorité (92,5 %), que ce devrait être le même dans tous les pays de la Communauté Européenne.

Nice-Matin, 25 juillet 1988.

A. La majorité des Français aimerait trouver un label officiel de qualité commun à l'Europe.

B. Au moment de choisir un produit ou un service, la qualité est le facteur le plus important.

C. Les consommateurs tiennent compte des labels au moment de réaliser un achat.

D. Beaucoup de Français ignorent le label qui figure sur les bouteilles de vin.

E. Les consommateurs connaissent bien le «Label Rouge».

Céréales : la production mondiale en chute libre

La planète va-t-elle connaître, dans les mois à venir, une pénurie de céréales, rendant plus précaire encore la situation des centaines de millions de personnes de par le monde qui ne mangent pas à leur faim ?

Une série d'informations publiées en fin de semaine n'incitent guère les experts à l'optimisme.

La sécheresse qui vient d'affecter les Etats-Unis, la plus grave depuis 1934, devrait entraîner là-bas une baisse de 34 % de la récolte de maïs, de 13 % de celle de blé et de 23 % de la production de soja, vient d'annoncer le département américain à l'Agriculture.

Conséquence de cette sécheresse qui a aussi beaucoup affecté les récoltes canadiennes, autre grenier à grains : les réserves mondiales de céréales devraient baisser de 80 millions de tonnes.

A Rome, la F.A.O. (Organisation des Nations unies pour l'alimentation et l'agriculture) a d'ailleurs poussé un cri d'alarme en relevant, dans son dernier bulletin, «Perspectives alimentaires», que «la production mondiale de céréales va diminuer ainsi pour la deuxième année consécutive, fait sans précédent depuis plus de 40 ans».

La F.A.O., prévoit, pour 1988, une production céréalière mondiale de 1,77 milliard de tonnes, soit 24 millions de tonnes de moins que l'année dernière.

Les cours s'emballent

Pour l'heure, et en attendant de connaître avec plus d'exactitude les volumes produits en grains de par le monde, les cours s'emballent : le prix actuel du blé américain, premier exportateur mondial, est supérieur de 37 % à celui de juillet 1987, et celui du maïs de 35 %, avec, en sus, un dollar très légèrement plus cher que l'an dernier à la même époque.

A défaut des Etats-Unis en panne de grains, la C.E.E. sera-t-elle, cette année, en mesure de fournir les pays acheteurs, comme ceux du pourtour méditerranéen, ou la Chine qui enregistre elle aussi, en 1988, une très mauvaise récolte ?

La forte remontée des cours mondiaux des céréales actuellement enregistrée fait réaliser à la tirelire européenne d'énormes économies pour exporter : le coût actuel des subventions C.E.E. à l'export est de plus de deux fois inférieur à celui de l'an dernier à la même époque, c'est-à-dire de l'ordre de 455 F la tonne, contre plus de 1.000 F en août 1987.

Nice-Matin, 15 août 1988.

A. La hausse des prix des céréales est une bonne affaire pour les finances européennes.

B. Les spécialistes sont inquiets à cause des informations qu'ils reçoivent.

C. Il est probable que la production de céréales de 1988 soit inférieure à celle de 1987.

D. On ignore si l'Europe pourra satisfaire toutes les demandes des pays importateurs de céréales.

E. La condition des populations victimes de la faim ne va pas s'améliorer.

AUTOMOBILE : LA NOUVELLE DONNE

A l'heure où s'ouvre le Salon, l'automobile française se porte bien.

Paradoxe. L'automobile française ne s'est jamais portée aussi bien. Un marché euphorique, un environnement politique, économique et social particulièrement favorable, elle peut, alors que le salon de Paris, rebaptisé Mondial de l'automobile, ouvre ses portes jeudi, porte de Versailles, s'estimer satisfaite. Or elle doit soudain balayer toutes les certitudes qui ont fait sa force dans le passé. 1993 ou la révolution d'une industrie plus que jamais symbolique de la construction européenne. Le choc sera rude.

Renault, Peugeot et Citroën ont réussi leur redressement. La Régie a dégagé un bénéfice de 3,6 milliards de francs l'an dernier et l'on parle d'un minimum de 6 milliards cette année. PSA affichait un résultat net de 6,7 milliards et l'on avance aujourd'hui le chiffre de 7,5 milliards. Leurs gammes sont en profonde mutation - R19, AX, 405 et bientôt Peugeot 605, Citroën DX et une Renault haut de gamme remplaçante de la R25, leurs usines tournent à plein régime. Le climat social, enfin, est au calme plat.

Le retournement du marché français, après le «boom» de l'an dernier, n'a pas eu lieu. A la grande surprise des industriels eux-mêmes. Les immatriculations ont progressé de 6 % au cours des huit premiers mois de 1988 — derniers chiffres officiels connus — et dépasseront cette année, pour la troisième fois consécutive,la barre des 2 millions d'unités.

Arnaud Rodier.

Le Figaro, 27 septembre 1988.

A. Les résultats du secteur automobile français sont bons.

B. Le nombre de véhicules vendus a augmenté de plus de 5 %.

C. Il n'y a pas de conflits sociaux dans ce secteur.

D. Le nom de la foire automobile de Paris vient d'être modifié.

E. La situation des grandes firmes françaises s'est améliorée.

GRILLE DE LECTURE

Lisez les textes suivants et complétez les questionnaires correspondants.

▲
1. Négociations internationales

GAZ
Rencontre franco-algérienne à Alger

Le président de Gaz de France (GDF), Francis Gutman, a rencontré à Alger le directeur général de la Sonatrach algérienne, Sadek Boussena, «pour faire le point des négociations gazières en cours entre les deux entreprises».

Cette rencontre a permis aux deux responsables de convenir d'un «programme de travail» entre la Sonatrach et Gaz de France. Ils ont aussi «évalué l'état d'avancement des discussions et examiné les possibilités de coopération à moyen et long termes». Un deuxième rendez-vous a été fixé, début octobre, entre MM. Boussena et Gutman, sans doute à Paris.

A l'issue de sa visite à Alger, le 4 septembre dernier, Roland Dumas, ministre français des Affaires étrangères, avait annoncé un programme de rencontres entre responsables français et algériens afin de rechercher une solution au différend gazier et de «revitaliser» les relations entre les deux pays. Les premières rencontres prévues devaient se dérouler entre les responsables de GDF et de la Sonatrach, suivies d'entretiens entre les ministres de l'Industrie, puis entre les ministres des Finances.

Le Figaro, 27 septembre 1988.

A. Participants à la rencontre franco-algérienne d'Alger. ______________________________

B. But de cette rencontre. ______________________________

C. Points traités lors de la réunion. ______________________________

D. Date et lieu de la prochaine réunion. ______________________________

E. Nom du ministre des Affaires étrangères. ______________________________

F. Ministères concernés par ces réunions. ______________________________

Un musée du vin français à Osaka

Une délégation japonaise du port d'Osaka a visité, durant deux jours, le vignoble de Bourgogne (centre-est de la France) pour parfaire ses connaissances des vins français avant d'entreprendre l'édification d'un musée du vin-maison de la France sur le nouveau technoport d'Osaka.

Les travaux de construction de ce musée, une initiative de Shin Sasaki, directeur du port d'Osaka, devraient débuter prochainement pour une ouverture en mars 1993. Les dirigeants du port japonais ont également l'intention de créer sur place le premier centre de négoce du vin pour le Sud-Est asiatique.

Conduite par Mme Atsue Sasaki, l'épouse du directeur du port d'Osaka, la délégation, composée notamment du directeur et de l'architecte du futur musée du vin, a visité la propriété d'un vigneron à Meursault où les vendanges battent leur plein, la cave coopérative des vignerons des Hauts-de-Côte à Beaune, une maison de négoce et la station œnologique du Comité interprofessionnel des vins de Bourgogne.

La délégation, qui a déjà visité les vignobles des Pays de Loire, du Bordelais, du Languedoc-Roussillon, des Côtes du Rhône et du Beaujolais, terminera son voyage en France par l'Alsace et la Champagne.

Le Figaro, 27 septembre 1988.

A. En quelle saison la délégation japonaise a-t-elle visité la Bourgogne ?
Justifier la réponse ____________________

____

B. Poste occupé par M. Shin Sasaki ____________________

C. Son objectif pour 1993 ____________________

D. Autre projet ____________________

E. Itinéraire de la délégation japonaise
pendant sa visite en Bourgogne ____________________

F. Régions vi ticoles françaises visitées par les Japonais ____________________

▲
3. Accord Renault-Toyota

Renault confirme

La Régie nationale des usines Renault est en négociations avec des constructeurs automobiles japonais pour conclure un accord de coopération, a annoncé hier matin le «Wall Street Journal» dans son édition européenne.

Lundi, la régie — qui vient de recevoir douze milliards de l'Etat au titre du désendettement — avait refusé d'infirmer ou de confirmer les rumeurs selon lesquelles elle s'apprêtait à conclure un accord avec Toyota Motors.

Renault s'est simplement borné à confirmer que des discussions étaient en cours avec les Japonais pour produire des automobiles 4 x 4 en Colombie, sans toutefois citer le nom de la compagnie concernée. Mais les rumeurs font état d'une coopération plus large entre le constructeur français et un partenaire japonais.

Des spécialistes du secteur de l'industrie notent que les Français, dans la perspective du marché européen de 1992, cherchent à limiter le nombre de voitures japonaises qui pourront être importées en Europe. Or, pour qu'une voiture de marque japonaise ne soit pas considérée comme importée, 80 % de la valeur ajoutée doit être européenne. Ce qui pousse les constructeurs japonais à développer les liens avec leurs homologues européens. Si l'accord Renault-Toyota devait se concrétiser, ce serait le premier du genre entre un constructeur japonais et un français.

Nice-Matin, 4 janvier 1989.

A. Réactions de la Régie aux informations données par le «Wall Street Journal» ______________________

B. Lieu éventuel de montage des 4 x 4 ______________________

C. Raison pour laquelle les constructeurs japonais cherchent des partenaires européens ______________________

D. Situation financière de la Régie Renault ______________________

____

▲
4. Téléphone sans fil

D'ici deux ans les Français pourraient téléphoner dans la rue avec un appareil du poids d'une calculette

D'ici deux ans, si tout se passe bien, les Français pourraient téléphoner avec un appareil sans fil, du poids d'une calculette, aussi bien chez eux que dans la rue, à partir de bornes publiques.

Pour ce faire, France Telecom a répondu à un appel d'offres en Grande-Bretagne, afin de prendre une participation de 10 % dans le capital d'une nouvelle filiale de British Telecom, a confirmé hier France Telecom. Cet accord reste cependant soumis à l'approbation des pouvoirs publics anglais, qui doivent choisir prochainement entre deux et quatre opérateurs parmi les onze candidats, dont British Telecom, en compétition pour la mise en place en Grande-Bretagne de ce réseau.

Si cette offre était retenue, l'administration française travaillerait en association avec British Telecom pour développer ce nouveau service en Grande-Bretagne, en avance dans ce domaine, selon M. Jean-Jacques Damlamian, directeur du service «Mobiles» de France Telecom.

Le «télépoint» pourrait ensuite apparaître en France vers la fin de 1990 ou le début de 1991, et coûter aux alentours de 1 000 francs. A l'heure actuelle, les radiotéléphones portatifs commercialisés en France valent — au moins — vingt fois plus cher.

Nice-Matin, 4 janvier 1989.

A. Prix actuel d'un radiotéléphone portatif ______________________________

B. Prix du futur radiotéléphone ______________________________

C. Caractéristiques du futur appareil ______________________________

D. Définition d'«un appel d'offres» ______________________________

E. Étapes de la commercialisation du téléphone sans fil ______________________________

F. Modalités de la coopération British Telecom et France Telecom ______________________________

____

La première ferme océanique à saumon sera bretonne...

Le préfet du Finistère va autoriser l'ouverture en baie de Morlaix de la première ferme française océanique à saumon qui compte produire 1 200 tonnes de saumon la première année et davantage par la suite.

Ecologistes, comités locaux de marins-pêcheurs, conchyliculteurs ont protesté contre ce projet annoncé il y a un an. Pour eux, les deux barges de la future ferme auraient dû être mouillées plus au large, de manière à neutraliser la pollution à attendre d'un élevage de 40 000 saumons. La côte nord du Finistère accueille en effet de nombreux établissements ostréicoles.

Les scientifiques ont rassuré tout le monde en affirmant que les courants océaniques étaient tels que les éléments polluants de l'élevage fileraient nécessairement vers le large.

Autorisation sous contrôle

Le préfet du Finistère n'en a pas moins affirmé, à quelques jours de la délivrance de l'autorisation, qu'une commission spéciale serait nommée pour examiner les effets de cet élevage un peu particulier sur l'environnement. Toute conclusion négative des commissaires entraînera une réduction des activités de la ferme, voire leur suspension.

Les exploitants de l'élevage sont regroupés au sein de la société Salmor. Elle réunit les capitaux d'une firme norvégienne spécialisée et ceux de plusieurs groupes industriels (de l'agro-alimentaire en particulier) des régions de Brest et Morlaix. D'emblée, ces exploitants adhèrent aux exigences préfectorales. Ils espèrent un feu vert très prochain, les premiers alevins étant prêts à rejoindre les cuves spéciales préparées pour eux à bord des barges, prêtes elles aussi. En démarrant dans de brefs délais, la ferme à saumon gagnerait un cycle de production.

En France, la consommation de saumon, sous différentes formes, a beaucoup progressé ces dernières années et progresse encore. Les rivières et quelques établissements de pisciculture ne produisent que peu de poissons chaque année. Si bien que le déficit français (40 000 tonnes par an) est colossal et contribue au déficit de la balance du commerce extérieur.

Nice-Matin, 3 janvier 1989.

A. Adversaires du projet d'installation __________

B. Raisons de leur opposition __________

C. Arguments des spécialistes __________

D. Décision du préfet du Finistère __________

E. Actionnaires de la société Salmor __________

F. Raisons de la création de cette ferme à saumon __________

Total lance un nouveau forage en banlieue parisienne

La banlieue parisienne va-t-elle se couvrir, à bref délai, de derricks ? Toujours est-il qu'après Ivry-sur-Seine, où Elf Aquitaine a ouvert un puits qui devrait rentrer en production en janvier prochain, Total-Compagnie Française des Pétroles vient à son tour de tenter sa chance à Champigny-sur-Marne (Val-de-Marne). Cette opération a été présentée hier à la presse par Pierre Vaillaud, le directeur général de Total-Exploration-Production.

S'il est douteux que le sous-sol parisien soit aussi riche en or noir que l'Arabie Saoudite, les ressources en pétrole supposées des alentours immédiats de la capitale sont suffisamment prometteuses pour que les grandes compagnies s'y intéressent. La recherche pétrolière a, en effet, débuté dans le bassin de Paris il y a trente-cinq ans. Ces recherches se sont concrétisées par des découvertes importantes, et le bassin parisien a produit, en 1987, 1,9 million de tonnes de pétrole, et 63 millions de m3 de gaz. Des chiffres largement insuffisants pour assurer une autonomie énergétique : l'ensemble de la production française de pétrole couvre à peine 4 % de la consommation globale.

Mais depuis 1985, soit depuis le passage mémorable pour les habitants de la capitale de «camions renifleurs» sillonnant la ville en tous sens en quête d'indices du liquide miracle, la recherche est passée à un stade supérieur. Après consultation de la direction des Hydrocarbures, le permis Paris-Ile-de-France, d'une superficie de 1 520 km^2 a été accordé par décret à Elf-Aquitaine (50 %), Total (35 %), et BP (15 %).

Urbanisation intense

Le forage en proche banlieue parisienne pose évidemment, en raison de l'urbanisation intense de cette zone, des problèmes très particuliers. Ainsi, à Champigny, Total doit faire appel à la technique du puits dévié. La partie apparente, le derrick, est en effet situé à 1 337 mètres de l'objectif supposé, lui-même enfoui à plus de 2 000 mètres sous terre. L'opération se chiffre pour Total à 12 millions de francs, et le seuil de rentabilité à une capacité de 20 m^3 par jour.

Le pétrole extrait devrait être égal en qualité au «Brent» de la mer du Nord. Si le tonnage produit à Champigny est faible, Total se contentera de le transporter par camions-citernes. S'il est plus important, il faudra utiliser des «péniches-pétroliers» sur la Marne, ou construire un pipe-line.

Vers le milieu du mois de janvier prochain, les spécialistes du forage pourront déjà se faire une idée plus précise de la qualité du gisement.

Nice-Matin, 22 décembre 1988.

A. Localisation des points de forage __________

B. Raisons des forages en banlieue parisienne __________

C. Compagnies pétrolières concernées __________

D. Différentes étapes de la recherche pétrolière en région parisienne __________

E. Problèmes qui se posent au moment du forage __________

F. Solution prévue pour le transport du pétrole __________

G. Production de gaz et de pétrole en région parisienne __________

QUESTIONS

▲
1. Rachat d'entreprise

Les 180 salariés de Rover rachètent leur société

Le numéro 1 français de cassettes pour imprimantes a réalisé en 1987 un chiffre de 97 millions de francs

Lassés de voir leur entreprise passer de mains en mains, la presque totalité des 180 cadres et employés de Rover, premier fabricant français de cassettes tissus pour imprimantes et machines à écrire, ont racheté leur société.

Même si l'opération, décrite hier par le P.-D.-G. du groupe, M. Bruno Giraudy, s'est déroulée sous une forme devenue courante, le R.E.S. (rachat d'une entreprise par ses salariés) de Rover n'est pourtant pas banal : les employés ont menacé de démissionner en bloc si leur dernier propriétaire en date, un Américain, refusait de se défaire de l'entreprise.

De fait, celui-ci a préféré vendre Rover à ses salariés, plutôt que de voir une entreprise rentable déstabilisée par des départs massifs. Dans un premier temps, les cadres et une poignée de salariés ont négocié avec les actionnaires le montant de la transaction : 25 millions de francs, soit 5,3 fois la marge brute d'autofinancement prévue en 1988. L'apport en capital des salariés, financé en majeure partie par la banque Citycorp, s'élève à 5 millions de francs, les 20 millions restants étant apportés par un emprunt à moyen terme, contracté auprès d'un autre groupe de banques.

Sans dette

L'entreprise étant saine, pas de problème de garantie, ni de remboursement. A la fin de la période de remboursement (six ans), les actionnaires, sauf accident, vont diriger une entreprise sans dette, dont la valeur aura doublé, passant de 25 à 50 millions de francs. Par le traditionnel «effet de levier», un salarié ayant investi 5 000 francs devrait se retrouver à la tête d'un capital de 50 000 francs.

Rover devrait atteindre un chiffre de 112 millions de francs cette année (contre 97 millions en 1987), et dégager un résultat net de 6,6 millions de francs.

Technologie avancée

Seule entreprise à pouvoir fournir 98 % des différents modèles de cassettes utilisées sur les 4 000 types d'imprimantes disponibles sur le marché, Rover privilégie, au travers d'un réseau commercial très dense (60 personnes), le contact direct avec le client.

Les dirigeants de Rover ne semblent pas manifester d'inquiétude face aux nouvelles technologies, telles les imprimantes laser, puisqu'ils disposent en ce domaine de projets qu'ils refusent pour l'instant de dévoiler.

Nice-Matin, 7 octobre 1988.

A. Pourquoi les salariés de Rover ont-il décidé d'acheter leur entreprise ?

B. Comment les salariés ont-il obtenu l'accord du propriétaire ?

C. Comment s'est déroulée l'opération financière ?

D. Quelle est la situation économique de l'entreprise ?

E. Comment les nouveaux propriétaires envisagent-ils l'avenir ?

Les entreprises se mobilisent pour une monnaie unique en Europe

Plus d'une centaine des plus grandes entreprises européennes militent désormais pour l'union monétaire de l'Europe, afin d'accélérer la mise en place d'une monnaie unique et la disparition des frontières monétaires, affirme l'un des initiateurs de ce mouvement, M. François-Xavier Ortoli, président de Total CFP et ancien président de la Commission européenne. L'objectif de l'Association pour l'union monétaire de l'Europe, créée il y a neuf mois et présidée par Cornelius Van der Klugt, président de Philips, est désormais «de s'étendre en direction des petites et moyennes entreprises» qui «forment la base du tissu industriel de la Communauté».

L'Association doit également «compléter son extension à l'ensemble des pays de la CEE», affirme M. Ortoli. En France, en Italie, en Belgique et aux Pays-Bas, la plupart des grands noms de l'industrie, des services et de la banque ont répondu à l'appel des membres fondateurs (Fiat, Total, Solvay, Philips et Bosch). C'est ainsi qu'on trouve des groupes aussi puissants que BNP, Crédit Lyonnais, Pirelli,Olivetti, Heineken, Renault, Montedison, L'Oreal, Agfa-Gevaert ou Benetton.

Grande-Bretagne et R.F.A. sans enthousiasme

En revanche, plusieurs pays, comme la Grande-Bretagne et l'Allemagne fédérale, sont encore très peu représentés. «Il est possible qu'on voie moins l'intérêt de l'ECU et de l'Union monétaire quand on a une monnaie importante comme le deutschemark», affirme M. Ortoli à propos des entreprises allemandes.

L'Association travaille en parallèle avec le Comité pour l'union monétaire de l'Europe coprésidé par l'ancien président français Valéry Giscard d'Estaing et l'anchien chancelier ouest-allemand Helmut Schmidt et s'est fixé pour but de faire connaître les préoccupations monétaires des entreprises auprès des pouvoirs publics mais aussi de promouvoir dès maintenant l'utilisation de l'ECU.

«Les entreprises ont créé l'association car elles ont besoin de l'union monétaire», explique le président de Total, «nous souffrons tous terriblement d'un excès d'instabilité monétaire. Nous considérons qu'il est dans la logique de 1992 d'établir l'union monétaire. C'est une affirmation mais aussi un appel pour exprimer aux gouvernements le besoin profond que nous ressentons d'une plus grande stabilité monétaire».

Un billet de cent francs...

Pour les entreprises, une union monétaire signifierait une sécurité pour les investissements et une économie des coûts administratifs et financiers (gestion des risques de changes, etc.). «On a calculé qu'il ne restait pratiquement rien d'un billet de 100 F lorsqu'on lui a fait faire le tour de l'Europe», affirme M. Ortoli. «Une grande partie de ce qu'on appelle 1992 c'est une économie de temps et une économie de coûts, la monnaie participe de ceci.»

En attendant la réalisation de l'union, les entreprises européennes sont décidées à agir pour promouvoir l'ECU. Tous les adhérents se sont mis d'accord pour nommer au sein de chaque entreprise un délégué chargé d'examiner tout ce qui peut être traité en ECU.

Outre les emprunts en ECU, déjà très courants, il s'agit surtout de développer la facturation en ECU en convainquant les clients d'utiliser cette monnaie. Les membres de cette Association comptent également publier leurs comptes en ECU, afin de disposer d'une référence commune.

Nice-Matin, 20 août 1988.

A. Quels seraient les avantages d'une monnaie unique pour les entreprises européennes ?

B. Quels sont les objectifs de l'association pour l'union monétaire de l'Europe ?

C. Pourquoi les entreprises allemandes sont-elle réticentes ?

D. Que vont faire sur le plan monétaire les entreprises regroupées au sein de l'association ?

E. Regroupez et classez par pays les entreprises nommées dans l'article.

Maurice Allais : un fondateur couronné

La figure de Maurice Allais est à l'évidence moins familière aux Français, même ceux qui se passionnent pour l'économie, que celle d'Alfred Sauvy, Jean Fourastié ou Edmond Malinvaud. Couronné hier par l'académie Nobel «pour ses travaux de pionnier sur la théorie des marchés et l'utilisation des ressources», ce professeur de soixante-dix-sept ans, qui a exercé toute sa carrière à l'Ecole des Mines de Paris, où il continue d'enseigner, tient pourtant à montrer qu'il n'est surtout pas un économiste «en chambre». «C'est le krach de 1929 qui m'a poussé à faire de l'économie», a-t-il expliqué hier pour justifier sa vocation.

Un peu de formalisation éloigne du réel, la véritable théorie y ramène. Maurice Allais n'a jamais hésité à se prononcer sur les problèmes du jour. En mai 1987, dans un document photocopié à l'Ecole des mines, il estimait que les déséquilibres mondiaux risquaient fort de déboucher sur une crise monétaire. Aujourd'hui partisan de la construction de l'Europe, il considère qu'il faut s'en donner les moyens, c'est-à-dire accepter la création d'une monnaie commune.

Autre résultat concret d'une théorie fondamentale sur les conditions d'équilibre et l'efficacité des marchés : la «règle d'or» qui énonce que la croissance maximale de la consommation par tête d'habitant est réalisée quand le taux d'intérêt réel est égal au taux de croissance de l'économie. Une problématique on ne peut plus actuelle.

Il a formé une génération

Reprenant en les développant les analyses de Walras sur l'«équilibre général» de l'économie, Maurice Allais s'est efforcé d'analyser les règles du jeu qui permettent à une économie décentralisée de fonctionner. Une défense et illustration de l'économie libérale, «un Nobel du marché», souligne avec admiration et respect l'un de ses anciens disciples, Lionel Stoléru, secrétaire d'état au Plan. Mais il ne faut pas confondre libéralisme et laissez-faire. Maurice Allais estime au contraire que les échanges économiques impliquent une solide organisation sociale, ce qu'il appelle «une planification des structures».

Mais, comme le remarque Jean-Jacques Rosa, Maurice Allais est avant tout «un économiste pour économistes». Ce qui ne constitue évidemment pas un reproche, mais plutôt un éloge. «C'est lui qui a formé toute la génération des ingénieurs économistes français», souligne Marcel Boiteux, l'ancien président d'EDF.

Tous ces disciples ont pour caractéristique d'avoir la bosse des maths, et d'être devenus plus illustres que leur maître. Citons Gérard Debreu, citoyen français devenu américain, qui a reçu le prix Nobel d'économie dès 1983, et qui s'inscrit pleinement dans la lignée de Maurice Allais. Ou encore Jacques Attali, le professeur Malinvaud ou Thierry de Montbrial. Et chacun de reconnaître que l'académie suédoise ne pouvait faire choix plus judicieux.

Le Figaro, 19 octobre 1988.

A. Que vient récompenser le prix Nobel de Maurice Allais ?

B. Quelle est sa position face à la construction de l'Europe ?

C. Où enseigne-t-il ? Qui forme-t-on dans cette école ?

D. Quelle est l'origine de sa vocation professionnelle ?

E. Expliquez l'expression «avoir la bosse des maths».

Pastille Vichy : un nouveau symbole de l'agro-alimentaire français aux mains des étrangers

Après les départs successifs depuis six mois de la liqueur Bénédictine chez les Suisses, du cognac Martell chez les Canadiens, de Banania chez les Américains et du chocolat Poulain chez les Britanniques, un autre symbole de l'agro-alimentaire français, la célèbre pastille Vichy, s'apprête à changer de nationalité pour devenir américaine.

Si la société nouvelle des pastilles de Vichy est loin d'avoir la dimension de Martell ou celle du chocolat Poulain, elle fait incontestablement partie du patrimoine gustatif français tant sa renommée est grande dans l'hexagone.

La petite pastille blanche est née de violents maux d'estomac que ressentait vers les années 1790-1800, un vénérable chimiste de l'époque, M. Jean-Pierre Darcet.

Après de multiples recherches pour apaiser ses souffrances, il réussit, en utilisant les eaux de Vichy, et plus précisément grâce à leur teneur en sels, à élaborer une formule qu'il jugea satisfaisante. Il confia celle-ci, pour la réalisation du produit, à un pharmacien de Vichy, M. Bartillat. D'emblée, ce dernier créa la fameuse pastille qui conserve, depuis son origine, sa forme octogonale. C'était en 1833.

La formule a subi très peu de modifications depuis ses débuts. L'évolution a été essentiellement technologique. Ainsi, les méthodes de broyage du sucre glace ou d'élaboration de la gomme adragande fournie par l'acacia ont considérablement évolué pour passer du stade artisanal au stade industriel.

Jusqu'en 1947, l'amalgame des produits fournissait une pâte que l'on découpait ensuite avant de la faire sécher en étuves. On est passé, depuis cette date, à un procédé dit de granulation mais sans aucune modification pour le produit.

La pastille Vichy, au bicarbonate de sodium, comporte aujourd'hui trois parfums : anis, menthe et citron. Créée à des fins thérapeutiques et appréciée notamment par les personnes ayant des difficultés stomacales, elle est devenue au fil des années une friandise en délaissant progressivement les officines pour rejoindre les rayons des supermarchés. On en fabrique 2.800 tonnes par an.

La mutation de Perrier

Cette vente au groupe américain Warner-Lambert, pour un montant encore inconnu, annoncée par le Français Source Perrier qui la détenait depuis 1966, démontre l'engouement des étrangers à s'offrir des «perles» de l'agro-alimentaire français. Elle s'explique par la stratégie de Perrier consistant à abandonner ses activités de confiserie.

Comme le cognac Martell ou la Bénédictine, la pastille Vichy est un produit unique qui ne peut être imité. La notoriété de ces produits n'est plus à faire et leur part de marché bien établie. Ensuite, pour les groupes étrangers, l'acquisition de tels produits permet de prendre pied en France et de s'ouvrir ainsi la porte de l'Europe.

Nice-Matin, 25 juillet 1988.

A. Quelle est l'origine de la pastille Vichy ?

B. Quelle évolution a-t-elle subi du point de vue de la commercialisation ?

C. Quelle évolution a-t-elle subie du point de vue de la fabrication ?

D. Pourquoi Perrier a-t-il réalisé cette vente ?

E. Pourquoi les entreprises étrangères sont-elles intéressées par l'achat de firmes françaises ?

RÉDIGER

RÉSUMÉ

Le résumé est un exercice qui permet de contrôler la compréhension d'un texte. Généralement, il occupe le quart ou même le cinquième du texte original : en aucun cas, il ne doit en dépasser la moitié. Il est conseillé d'éviter le style télégraphique, l'emploi des parenthèses et des points de suspension.
On doit rester, dans le résumé, fidèle à la pensée de l'auteur : c'est pourquoi il faut lire le texte plusieurs fois, en repérant d'abord les idées principales, puis leur enchaînement et finalement le plan. Le texte peut être descriptif, explicatif, argumentaire.. avec à l'appui des schémas, des chiffres ou des exemples. Il faut donc savoir choisir les éléments indispensables au résumé et supprimer ceux qui se répètent ou qui sont moins importants.

Proposition de résumé à partir du texte «Coopération envisagée avec l'Est».

Coopération envisagée avec l'Est

Les premières coopérations entre industriels de l'Est et de l'Ouest pourraient voir le jour dans un an.

Même la recherche européenne ne va pas échapper aux événements qui bouleversent les pays de l'Est. Le programme européen de recherche industrielle Eurêka, qui symbolise la volonté de l'Europe de rattraper son retard sur les États-Unis et le Japon, pourrait en effet s'ouvrir aux pays de l'Est. Lancé à l'initiative de François Mitterrand, Eurêka représente aujourd'hui près de trois cents projets mobilisant 38 milliards de francs d'investissements. Ses deux programmes phares sont Jessi, dans les composants, et Eurêka 95, dans la TVHD, la télévision de demain.

Présentant hier les mesures destinées à donner un nouveau souffle à Eurêka, Hubert Curien, ministre de la Recherche et de la Technologie, s'est déclaré favorable à une telle possibilité. «*Plusieurs pays d'Europe centrale et orientale nous ont demandé de participer au programme européen de recherche. La Hongrie, la Tchécoslovaquie, la Pologne, la Bulgarie sont très intéressées. Demain, ce sera peut-être le tour de la Roumanie. Il nous faut donc réfléchir à une possible ouverture à l'Est. On peut très bien envisager de coopérer sur l'environnement, un programme à la frange d'Eurêka. Mais cette coopération doit se faire en respectant les principes d'Eurêka, qui est un programme de recherche industrielle orientée vers le marché. C'est donc aux industriels de l'Est et de l'Ouest de proposer des initiatives communes. Les premières initiatives pourraient voir le jour dans un an*», explique le ministre. La balle est donc dans le camp des Philips, Thomson et de leurs homologues de l'Est. La Hongrie paraît être le partenaire avec lequel la coopération pourrait se développer le plus rapidement.

Procédures simplifiées

Ce possible rapprochement entre firmes de l'Est et de l'Ouest nécessitera un assouplissement des règles du Cocom, le gendarme des échanges commerciaux entre ces deux régions du monde. Car Eurêka touche à des secteurs particulièrement sensibles : les puces, l'informatique, dont les applications militaires sont évidentes.

En attendant cette possible ouverture à l'Est, Eurêka, dont le premier ministre Michel Rocard a salué l'excellent démarrage, va élargir ses ambitions en France. Cette année, Hubert Curien et Henri Guillaume, le secrétaire général du comité inter-ministériel Eurêka, se sont fixé pour objectif de faire émerger de nouveaux projets dans sept grands secteurs : la construction et les travaux publics, l'automobile, le ferroviaire, les biotechnologies et la pharmacie, les télécommunications, l'agro-alimentaire, l'environnement.

D'importants efforts sont également faits pour encourager la participation des PMI «*moyennes et grosses*» aux différents programmes, en liaison avec l'Anvar. Cette dernière va soutenir les recherches de partenaires étrangers (aide de 600 000 F par projet) et le montage de projets (400 000 F de plafond d'aide). L'Anvar sera également le seul interlocuteur des entreprises de moins de cinq cents personnes pour la gestion de projets fonctionnant sur plurifinancement. Enfin, à la suite de l'audit réalisé par le cabinet indépendant IDS Consultants, les procédures d'Eurêka sont simplifiées.

Yann Le Gales

Le Figaro, 16 janvier 1990.

Préparation du résumé.

Recherche du vocabulaire présentant des difficultés.

Exemples :
Cocom : Coordinating Committee for Multilateral Export Controls, composé des 16 membres de l'O.T.A.N. moins l'Islande, plus le Japon et l'Australie, qui siège à Paris depuis 1949.
Anvar : Agence Nationale pour la Valorisation de la Recherche.
PMI : Petites et Moyennes Industries.
Audit : Révision et contrôle de la comptabilité et de la gestion d'une société.

Recherche des idées principales.

Les nouvelles perspectives politiques en Europe permettent d'envisager une future participation des pays de l'Est au programme Eurêka.
Le gouvernement français est favorable au développement de nouveaux projets dans le cadre du programme européen ainsi qu'à la participation des petites et moyennes entreprises.

Analyse des différentes parties.

Deux grandes parties se détachent. Après un bref rappel des bouleversements politiques survenus dans les pays de l'Est, et la présentation du programme Eurêka, la première moitié du texte rapporte les propos de M. Hubert Curien, ministre de la Recherche et de la Technologie, favorable à l'ouverture du programme aux pays de l'Est.
La seconde partie met l'accent sur les modifications qui devront intervenir pour permettre la participation des pays de l'Est à des programmes de recherches technologiques dans des domaines de pointe. En attendant cette ouverture, les responsables d'Eurêka pour la France pensent développer d'autres projets importants.

Rédaction du résumé.

L'actualité dans les pays de l'Est a des répercussions sur l'Europe de l'Ouest. Le programme Eurêka avec près de trois cents projets pourrait bientôt avoir des partenaires de l'Est.
Hubert Curien, ministre de la Recherche et de la Technologie, révèle l'intérêt de plusieurs pays de l'Est, et en particulier de la Hongrie, à participer au programme Eurêka, dont il rappelle les directives et le rôle des grands groupes industriels comme Philips et Thomson.
Une révision des règles du Cocom serait éventuellement nécessaire, dans la mesure où le programme Eurêka concerne des secteurs de pointe. Le gouvernement français est en principe favorable à cette ouverture.
Quant à la France, Hubert Curien et Henri Guillaume prévoient de développer de nouveaux projets dans sept grands secteurs d'activité. De plus, les PMI sont invitées à participer aux programmes dans lesquels l'Agence Nationale pour la Valorisation de la Recherche jouera un rôle capital.

Chômage : baisse de 2% en octobre et novembre

Ce chiffre confirme la tendance à l'amélioration observée en août et septembre, mais il y a encore 10 % de la population active sans emploi.

Le nombre des chômeurs a diminué de 2 % entre la fin septembre et la fin novembre, soit 48 900 de moins, a annoncé hier le ministère du Travail. Les premières indications faisaient état d'une diminution de 1,9 %, mais les ultimes précisions rendues publiques par le ministère du Travail l'établissent finalement à 2 %.

En raison de la grève des centres de tri postaux, le mois dernier, les réponses des demandeurs d'emploi qui renvoient, chaque mois, une carte mettant à jour leur situation, n'avaient pu être acheminées et le ministère du Travail n'était donc pas en mesure de publier les chiffres de l'emploi à fin octobre. C'est pourquoi les indices d'octobre et novembre ont été publiés hier simultanément.

Ces deux indices confirment la tendance à l'amélioration de la situation de l'emploi observée en août et septembre. Le chômage a diminué de 0,8 % en octobre par rapport à septembre et de 1,2 % en novembre par rapport au mois précédent. Déjà, à fin septembre, la diminution du nombre des demandeurs d'emploi était de 2,1 %.

Le nombre des chômeurs s'établit désormais à 2 507 500 en données corrigées des variations saisonnières contre 2 556 400 en septembre et 2 537 100 en octobre.

Le taux de chômage par rapport à la population active était de 10,2 % en septembre, 10,1 % en octobre et 10 % en novembre.

Le chômage a reculé de 2 % entre novembre 1987 et novembre 1988.

Reprise de l'emploi

L'amélioration en matière d'emploi bénéficie, bien que dans des proportions variées, à l'ensemble des catégories de demandeurs à l'exception toutefois des femmes de plus de 50 ans qui augmentent de 0,3 %. Les jeunes de moins de 25 ans sont les plus favorisés, surtout les hommes dont le nombre parmi les chômeurs diminue de 3,4 contre 2 % pour les femmes. Le nombre des hommes chômeurs de 25 à 50 ans diminue moins sensiblement de 1 % et de 0,4 % pour les femmes.

Les deux «bons» indices d'octobre et novembre sont attribués par le ministère du Travail au nombre des sorties du chômage, ajoutant que «*c'est pour l'essentiel la reprise de l'emploi qui explique le recul du chômage*».

En un an, les licenciements économiques reculent de 8,6 % et les inscriptions en fin de contrat à durée déterminée sont stabilisées. En outre, le nombre des offres d'emploi augmente de 22 % en un an.

Mais on observe également une réactivation, moins importante cependant qu'à la rentrée 1987, des formules de traitement social du chômage, stages et formations en alternance.

Ainsi les stages de préparation à l'emploi pour les 16-25 ans passent de moins de 6 000 en septembre à 8 600 en octobre et 22 600 en novembre. Les stages pour chômeurs de longue durée passent successivement à 9 000, 11 000 et 14 000, les travaux d'utilité collective augmentent de 159 000 en septembre à 173 000 en novembre. En revanche, les stages d'initiation à la vie professionnelle régressent.

Nice-Matin, 23 décembre 1988.

Sexiste, notre Code du travail ?

La Cour européenne de justice juge la législation française trop favorable aux femmes

Les hommes et les femmes en Europe doivent être le plus égaux possible dans le travail et un pays de la C.E.E. ne peut pas réserver aux seules travailleuses certains avantages comme un horaire réduit après un certain âge ou des congés spéciaux pour s'occuper des enfants, a estimé hier la Cour européenne de justice.

La Cour — sur plainte de la Commission européenne, l'exécutif de la C.E.E. contre la France — a jugé que Paris devrait revoir sa législation pour suivre de plus près la directive européenne de 1976 sur l'égalité professionnelle entre hommes et femmes.

Seules la grossesse et la maternité sont épargnées

Selon le tribunal de la C.E.E., seules «les mesures relatives à la protection de la femme, notamment en ce qui concerne la grossesse et la maternité, et celles visant à promouvoir l'égalité des chances» entre les deux sexes peuvent être réservées exclusivement aux travailleuses.

Ce n'est pas le cas d'autres mesures destinées à protéger les femmes «dans leur qualité de travailleurs âgés ou de parents, qualités que peuvent avoir tout à la fois les travailleurs masculins et les travailleurs féminins».

En clair : les règlements de la C.E.E. ne permettent pas de réserver aux seules femmes le droit à un congé pour soigner un enfant, à des jours de vacances supplémentaires par enfant ou à de meilleures conditions de travail, passé un certain âge.

Des avantages conventionnels acquis

La France a modifié en 1983 son Code du travail pour se conformer à la directive européenne sur l'égalité professionnelle. Mais elle a prévu la possibilité de maintenir dans les contrats de travail ou les conventions collectives déjà en vigueur en 1983 une série de dispositions spéciales pour les femmes : allongement des congés de maternité, réduction du temps de travail après 59 ans, avancement de l'âge de la retraite, octroi de congés pour soigner un enfant malade ou à l'occasion de la rentrée scolaire ou de la fête des Mères, etc.

«Par sa généralité», a estimé la Cour, cette loi française maintient des «inégalités de traitement entre hommes et femmes» qui sont contraires aux règlements de la C.E.E. La Cour ne donne cependant pas une liste précise des «droits particuliers» dont pourraient bénéficier les femmes.

Prendre en compte les situations de fait

Le gouvernement français avait plaidé que les avantages accordés aux femmes s'inspirent d'un souci d'assurer leur égalité de fait avec les hommes et qu'ils tiennent compte des «situations de fait dans la plupart des ménages en France», où la plus grande part de l'éducation des enfants incombe souvent aux mères.

Autre argument français : la négociation collective entre patrons et syndicats est la meilleure méthode pour supprimer progressivement ces droits particuliers (en dehors des dispositions sur la grossesse et la maternité). Réponse de la Cour : on ne peut pas «renvoyer l'abolition de certaines inégalités aux partenaires sociaux sans leur fixer de délai pour le faire».

Nice-Matin, 30 octobre 1988.

Apprendre et travailler au Japon

L'un des moyens de tenir sa place face aux Japonais est de s'immerger dans leur culture. Un consultant français à Tokyo cherche à accélérer ce mouvement

Plus de cinquante Japonais sont diplômés de l'Ecole Nationale d'Administration, et de nombreux étudiants de l'archipel suivent chaque année des cours en France, mais il est à peu près impossible pour un Français de faire des études à l'université de Tokyo. Pierre Baudry, président de SBA Consulting Group, un cabinet de conseil installé au Japon considère que cela constitue un handicap pour l'implantation française au Japon. Afin de réparer cette anomalie, il a créé un prix qui permet au lauréat de «*vivre, apprendre, travailler un an à Tokyo*».

«*Dans les grandes écoles, on noue des relations avec des gens qui quelques années plus tard se retrouvent à des postes de direction dans les administrations et les grandes entreprises*», souligne Pierre Baudry.

Ainsi les Japonais qui ont fait des études en France conservent avec leurs anciens condisciples des liens bien utiles en affaires, sans compter les informations sur le marché français qu'ils ont pu recueillir à l'occasion de thèses et de mémoires. Or, le phénomène inverse n'existe pas. Alors que le Japon est par essence un pays où pénétrer dans les réseaux est une clé de la réussite en affaires. «*La difficulté que certains rencontrent pour s'imposer au Japon est en partie due à l'existence de ses réseaux dans lesquels il est extrêmement difficile de s'insérer*», estime Pierre Baudry.

Depuis près de vingt ans qu'il vit au pays du Soleil-Levant, Pierre Baudry a eu le temps et l'occasion d'en faire l'expérience. Il y a bien longtemps en effet que ce Parisien s'est entiché de l'Asie. Etudiant en droit, il fréquentait aussi l'Ecole des langues orientales où il a appris le chinois et le japonais. En 1964 et 1965, il fait partie des rares Européens à faire des études à Pékin. Son service militaire est l'occasion d'aller au Japon. Il opte pour la coopération civile : faute d'un poste disponible à l'ambassade de France, il enseigne le français et les mathématiques dans un centre de recherches.

De retour à Paris, il n'a de cesse de trouver un job qui le ramène dans l'archipel nippon. Hélas, son expérience avec Havas en 1969 fait long feu ; la société de relations publiques finit par renoncer à la création d'une antenne japonaise en raison du coût trop élevé. Pierre Baudry décide de tenter seul sa chance. Il passe quelques années difficiles avec pour seul bagage un contrat problématique avec L'Oréal et un autre avec le gouvernement des Antilles néerlandaises.

C'est en 1973 qu'il crée son cabinet de conseil qui emploie aujourd'hui 25 personnes parmi lesquelles 4 Français seulement. «*Je commençais à avoir une meilleure connaissance de l'environnement, reconnaît Pierre Baudry. Par ailleurs, l'exposition d'Osaka en 1970 avait amélioré les relations et les échanges entre les Français et les Japonais.*» Au fil des ans, ses affaires se sont développées. Etudes de marché, recherche de partenaires, contrats de vente ou de licences, conseils en communication, en marketing ou en gestion : les services que propose SBA Consulting Group lui ont permis de drainer entre autres des clients comme Hermès, Nina Ricci, Thierry Mugler, Europe et Mondial Assistance ou des industriels comme Aussedat-Rey.

Quelques dirigeants de ces entreprises font partie du jury qui décerne le prix Vocation Japon qui sera remis le 11 octobre 1990. Comme ses six prédécesseurs, le lauréat passera un an au Japon. Pendant les six premiers mois, il suivra chaque matin des cours de japonais et l'après-midi, il travaillera chez SBA Consulting Group. Pendant la seconde partie de l'année, il ira de stages en séminaires. SBA Consulting Group lui assure une rémunération correspondant à celle que perçoit un Japonais de niveau d'études équivalent.

Paul Baudry voudrait bien étendre son système. Mais il manque de moyens. «*Je cherche des partenaires industriels pour multiplier les possibilités, dit-il. L'idéal serait, grâce à leur participation de pouvoir envoyer 10 à 15 stagiaires par an au Japon.*» A noter quand même que la France a accueilli pour l'année scolaire 1988-1989 869 étudiants japonais.

Françoise Chirot

Le Monde, 13 avril 1990.

GOLF : LA croissance «hystérique», c'est fini !

A Cannes, les participants de GREEN 88 ont fait le même constat que ceux du FIDEL : le marché n'est pas tendre pour les amateurs

Pas d'écroulements spectaculaires type Mirapolis ou Zygofolis ! Mais le gazon des golfs n'est pas forcément moins glissant que l'asphalte des parcs récréatifs. Tout juste, les chutes sont moins dures et moins voyantes. Car tout n'a pas été rose dans la récente épopée verte. Plusieurs nouveaux golfs, lancés dans l'euphorie du moment, ont discrètement changé de main. De quoi donner à réfléchir aux futurs candidats et freiner l'enthousiasme des financiers. Fini le temps de l'angélisme golfique ! C'est là un des constats de ce GREEN 88 (Forum de la gestion, réalisation, étude et entretien des golfs) : la progression «hystérique» des dernières années est aujourd'hui en voie d'être maîtrisée. Ouf !

Un élément de la richesse touristique nationale

Le soufflet ne retombe pas pour autant. «*La progression du nombre de joueurs se poursuit, notait l'animateur des débats, M. Bernard Larvaron, sous-préfet de Grasse et golfeur passionné. Quatorze mille licenciés nouveaux ont été inscrits en 1988, ce qui porte à cent trente-cinq mille le nombre de golfeurs français. En l'an 2000, ils devraient être trois cent cinquante mille.*»

«*Parallèlement, le nombre de terrains grimpe : quarante-quatre inaugurations cette année. Jusqu'au début du troisième millénaire, on attend une moyenne de trente nouveaux parcours annuels, ce qui donnerait un total d'environ cinq cent cinquante parcours contre deux cents aujourd'hui.*» Des chiffres qui peuvent paraître imposants mais qui restent bien en deçà des réalités américaines (un parcours nouveau par jour jusqu'à l'an 2000) et japonaises (mille quatre cent cinquante terrains actuellement !).

Meilleure maîtrise de la croissance, mais aussi meilleure maîtrise des concepts et des coûts. «*L'appel à l'épargne, poursuit M. Larvaron, la fiscalité sont mieux contrôlés, le personnel est mieux préparé : la mécanique mise en place voilà dix ans commence à être rodée. Enfin, les intervenants ont insisté sur la nécessité d'adapter les projets aux régions. Sur la Côte d'Azur, les golfs doivent être plus luxueux, plus internationaux, car ils entrent en concurrence directe avec ceux de Marbella en Espagne, de l'Algarve au Portugal, etc. Tout le monde cependant est convaincu que le golf, bien compris, peut être un élément de la richesse touristique nationale !* »

Complexes de loisirs : vive la ville !

Golf et équipements de loisirs, même combat... et mêmes exigences de réalisme. Une sagesse qui, pour les loisirs, mène à un retour vers les centres-villes. «*L'expérience a montré que l'exemple américain n'est pas forcément transposable en France, explique M. Jean Audoui, directeur du FIDEL. Les Français hésitent à sortir de la ville. Les nouveaux complexes de loisirs qui se créent actuellement cherchent donc à se rapprocher de leur zone de clientèle. Le recentrage qui s'effectue correspond d'ailleurs à la politique urbaine actuelle très en faveur de la réactivation du cœur des villes.*»

Autre tendance aussi qui s'affirme sous l'aiguillon de la nécessité : la création d'effets de synergies. «*C'est le cas du Nautiparc de Chambéry, poursuit M. Audouin. Le premier élément d'une chaîne européenne s'est installé carrément à côté d'un supermarché*», «les Tropiques» à Chambéry, avec piscines à vagues, geysers masseurs, restaurants de plage à portée de caddy !

Quant à Michel Corbières, le P.D.G. de Forest Hill, c'est en plein Paris, dans le XVe arrondissement, qu'il va ouvrir en mars prochain son nouveau paquebot de loisirs. L'Aquaboulevard, un bâtiment de 95 000 mètres carrés, concentre toutes les activités de la société : tennis, piscine à vagues, bowling, billard, boulodrome, etc., le tout mêlé à un complexe d'une quarantaine de boutiques et de plusieurs restaurants. Si les citadins ne viennent pas aux loisirs ce seront les loisirs qui viendront à eux !

Nice-Matin, 14 décembre 1989.

Erasmus à Erasme

Dix-huit étudiants européens bénéficient d'une bourse Erasmus à l'hôpital Erasme de Bruxelles. Une greffe expérimentale...

BRUXELLES
de notre correspondant

Le programme Erasmus, arrêté en mai 1987 par le conseil des ministres des Douze, permet aux étudiants de la CEE d'effectuer une partie de leurs études dans un autre Etat membre. En médecine, le projet a été lancé en février 1989. Le montant moyen de la prime à la mobilité, qui s'ajoute aux bourses nationales, atteint deux mille écus (14 000 francs), pour des périodes allant de trois mois à un an.

L'hôpital Erasme, le bien nommé, est situé à une dizaine de kilomètres du centre-ville. Charles Toussaint, néphrologue, à la retraite depuis l'année dernière, a été chargé par l'Université libre de Bruxelles (ULB) de coordonner la formation des dix-huit étudiants européens (dont trois Français) accueillis par la faculté de médecine.

Le professeur Toussaint, véritable «nounou» — il intervient pour obtenir les polycopiés de ses collègues, pour trouver des logements... — décrit avec enthousiasme le projet *«qui doit apporter sa pierre à la libre circulation des diplômes universitaires dans la Communauté»*. Mais il ajoute, avec réalisme : *«Il s'agit d'un projet pilote. Nous n'avons pas encore d'expérience. Ce n'est qu'après leur retour dans leur faculté d'origine que les étudiants pourront formuler un jugement.»*

La structure d'accueil est des plus légères. Mais ce côté artisanal ne gêne pas Charles Toussaint : *«C'est mieux ainsi. Une gestion souple permet de mieux faire face aux difficultés rencontrées par les étudiants.»*

De la souplesse et de la débrouillardise, il en faut. Isabelle, étudiante strasbourgeoise de quatrième année, est à Erasme pour un an, avec une bourse de 19 000 francs. Très prise par son service en gynécologie, elle n'a pas le temps de suivre les cours, dispensés au centre-ville. Alors, elle est le plus souvent à la recherche de polycopiés de cours.

Comme l'Europe n'a pas encore tout harmonisé, le cursus à Bruxelles n'est pas le même qu'à Strasbourg. Elle doit se procurer des polycopiés de sa faculté d'origine pour apprendre les matières qui ne sont pas enseignées en quatrième année à l'ULB. Ces inconvénients ne l'empêchent pas de dresser un bilan positif : *«Je suis parfaitement intégrée même si les gardes sont fatigantes; mais elles sont indispensables pour être dans le coup.»*

Belén, une Espagnole d'Oviedo, venue faire sa cinquième année à Bruxelles, est tout aussi positive. Elle aussi pourtant pâtit de l'éloignement d'Erasme, qui n'est pas desservi par le métro. Elle regrette également que le cycle des études diffère et que, surtout, la pratique des cours écrits soit peu répandue à l'ULB. Aussi doit-elle se «débrouiller» pour sa pédiatrie, qui n'est pas une matière de cinquième année à Bruxelles. Georg, étudiant de Hambourg, de quatrième année, est à Erasme pour six mois. Son premier choix était Bristol, mais sa candidature n'a pas été retenue. Ce qui ne l'empêche pas d'être serein. Pour lui, l'essentiel est d'être intégré dans une équipe soignante : *«En Allemagne, cela arrive plus tard dans les études. Mais, je préfère le système belge.»* Lui n'a pas de problème de cours. *«Le matin je vais à l'hôpital et l'après-midi à la faculté.»*

Zissimos, étudiant de sixième année à Salonique (la dernière en Grèce) semble comme un poisson dans l'eau à Erasme. Il y est venu, pour trois mois, parce que cet hôpital est réputé en neurochirurgie : *«Pour moi c'est parfait, je travaille beaucoup, je ne fais que de la pratique, c'est ce que je voulais.»* Il précise : *«En salle d'opération, j'assiste le chirurgien comme n'importe quel étudiant belge d'un niveau comparable au mien.»*

«On verra au retour»

Une chose cependant l'inquiète : le prix de sa chambre (1 500 francs par mois). Les places sont rares en cité universitaire. Reste donc la location en ville. Georg a changé plusieurs fois de résidence. *«Maintenant, dit-il avec un brin de malice, j'ai une chambre à l'école des infirmières.»*

Reste la grande question : les résultats obtenus à Bruxelles seront-ils validés par les facultés d'origine ? A Strasbourg, on a déjà dit à Isabelle qu'*«on verra au retour»*. Qu'est-ce à dire ? *«Certainement qu'on examinera de près les notes et peut-être même qu'il sera procédé à des vérifications»*, estime l'étudiante française. Pierre Rocmans, professeur de chirurgie, confirme : *«Il est certain que chacun va intégrer à sa manière les examens passés ici.»* Le chirurgien belge doit faire subir une série d'épreuves à Zissimos. *«Je prendrai la précaution d'accompagner les notes d'un commentaire détaillé»*, affirme-t-il.

Il faut espérer que tous les examinateurs auront les mêmes scrupules. Encore que les étudiants qui sont envoyés par les facultés dans les autres pays européens ont de bons dossiers. *«En règle générale, considère le professeur de l'ULB, ce sont des jeunes qui en veulent. Il serait étonnant qu'ils aient des difficultés en rentrant chez eux.»*

Arnaud, lui, n'en a éprouvé aucune. Etudiant de septième année, il a été envoyé à Leiden, connue pour son service de néphrologie. *«Il est vrai qu'il est très bon»*, admet Charles Toussaint. Impressionné par *«la pratique médicale très stricte des Néerlandais»*, Arnaud est revenu enchanté de son séjour aux Pays-Bas. *«Là-bas, précise-t-il, on prend au sérieux Erasmus. Ils prévoient même de mettre en place un système d'accueil beaucoup plus structuré.»*

Comme pour la plupart de ceux qui bénéficient du programme de la CEE, l'intérêt pour lui était aussi d'avoir des échanges avec des étudiants d'autres nationalités. Sur ce point, il hésite à répondre. A-t-il eu des difficultés avec ses hôtes ? Pas du tout. Intrigué par le Japon et sa culture, il a tenté en vain de nouer un dialogue étoffé avec un étudiant de Tokyo. *«Avec le temps, déplore-t-il, les malentendus se sont aggravés alors qu'avec un Yougoslave les entretiens se sont enrichis au fil des semaines.»* Et il conclut : *«Les Japonais sont vraiment trop loin de nous.»*

Après tout, peut-être que l'Europe existe !

Le Monde, 22 mars 1990.

Avec l'ensemble des professionnels de la route

Le secrétaire d'État aux transports veut créer un service national de dépannage routier

Dans quelques jours, une nouvelle séance de travail réunira autour des représentants de M. Georges Sarre, secrétaire d'Etat aux transports, des constructeurs automobiles, des pétroliers, des assureurs, des garagistes et la Prévention routière, afin de mettre sur pied un service national de dépannage routier. M. Sarre souhaite que celui-ci fonctionne sept jours sur sept, vingt-quatre heures sur vingt-quatre et qu'en une demi-heure il permette, sur l'ensemble du territoire national, à 80 % des automobilistes en panne de prendre la route.

La panne est un véritable traumatisme pour l'automobiliste. Les voitures d'aujourd'hui sont fiables et l'on estime qu'elles ne refusent de fonctionner en moyenne que tous les 75 000 kilomètres ou tous les cinq ans. Cette trahison mécanique plutôt rare est d'autant plus mal vécue par les usagers qu'elle intervient, par définition, sans crier gare.

Chez nos voisins, des clubs d'automobilistes florissants existent : l'ADAC (10 millions de sociétaires), en Allemagne de l'Ouest, ou l'AA (6 millions), en Grande-Bretagne. Représentant 19 % des conducteurs en Suisse, 18 % aux Pays-Bas, 16 % aux Royaume-Uni et 14 % en RFA, ils ont mis au point un service de dépannage tout à fait distinct de la réparation, qui secourt leurs adhérents vingt-quatre heures sur vingt-quatre et, dans 80 %-90 % des cas, sur place. L'ACI italienne entretient ainsi une organisation de 5 100 personnes et de 3 100 véhicules. L'ADAC allemande assure un véritable service public et dépanne même les non-adhérents et les étrangers. La qualité du service fait toujours l'objet d'un contrôle strict [(1)].

En France, l'esprit associatif est si peu répandu que les Automobile-clubs représentent seulement 1 % de la population motorisée. De surcroît, ils sont très divisés. Quelques assureurs «assisteurs», quelques constructeurs et certains concessionnaires d'autoroutes ont mis en place des prestations de dépannage-remorquage, mais le conducteur ne s'y retrouve pas. Il ignore le plus souvent le numéro d'appel; il ne remplit pas toujours les conditions requises (marque de la voiture, localisation de la panne à plus de 50 kilomètres du domicile, adhésion préalable payante); le dépannage ne fonctionne pas partout et toujours; le dépanné a parfois l'impression d'avoir payé un prix excessif, alors que la cause de son immobilisation lui semble bénigne (panne d'essence, allumage défaillant). «*Il ne faut pas s'étonner, écrit M. Jacques Deschamps, ingénieur général des Ponts et chaussées, du jugement négatif des étrangers qui ne trouvent pas en France l'équivalent du système simple et efficace auquel ils sont habitués, surtout dans l'Europe du Nord.*[(1)]»

Quand on se veut le premier pays touristique européen et le deuxième au monde, une telle lacune est incohérente. Quand on sait que des clubs étrangers (ADAC, AA, ANWG néerlandaise) se sont solidement implantés en France pour assister leurs adhérents, on se dit que, le 1er janvier 1993, le dépannage risque de dépendre d'organisations dont le centre d'intérêt ne sera pas national.

En ordre dispersé

Nombreux sont ceux qui ont pris conscience de ces enjeux. La Chambre syndicale nationale du commerce et de la réparation automobile (CSNCRA) cherche à redresser l'image de marque de la profession grâce à une charte de la réparation automobile qui précise les devoirs du réparateur et, grâce à un panonceau millésimé, garantissant la qualité des prestations de celui-ci. La GMF et Renault se sont associés depuis le 1er janvier 1990 pour créer un réseau «Delta» qui, pour 80 francs, garantit deux dépannages par an dont un à domicile. Le Secours routier français, qui dépend de la délégation à la sécurité routière, poursuit l'installation de bornes d'alerte téléphoniques sur les routes et les autoroutes (3 260 bornes installées à ce jour).

Devant ces initiatives prises en ordre dispersé, le secrétaire d'Etat aux transports, M. Georges Sarre, a décidé de jouer les chefs d'orchestre. «*La couverture du risque de panne n'est pas totale, explique-t-il. Nous ne pouvons laisser les choses en l'état, même si nous ne pouvons nous substituer à l'initiative privée ou aux bonnes volontés. Nous voulons donc regrouper tous les opérateurs, toutes les expériences et tous les projets dans une association loi de 1901 qui garantirait à l'automobiliste qu'il sera secou-*

ru partout, tout le temps, quels que soient sa voiture ou son assureur et qu'en une demi-heure il reprendra la route dans 80 % des cas. Je souhaite qu'avant la fin de l'année ce rassemblement des forces soit effectif.»

L'Etat apportera à cette association le réseau téléphonique du Secours routier français; les Automobiles-clubs et les assureurs leur système de dépannage actuel; les pétroliers leurs stations-service; les garagistes leur savoir-faire et les constructeurs leur assistance technique.

Une rémunération forfaitaire

Evoluant vers un service de plus en plus industriel, le dépannage serait réglementé par une charte qui prévoirait l'arrivée sur les lieux, dans les trente minutes, d'un véhicule équipé, sept jours sur sept, vingt-quatre heures sur vingt-quatre, ainsi que le paiement d'une rémunération forfaitaire de l'ordre de 300-400 francs, le carburant et les pièces étant facturés en sus.

Aucun supplément dû à la distance, à la difficulté ou au temps passé ne serait exigible. Le paiement pourrait être directement facturé à l'assureur de l'automobiliste. L'appel d'un conducteur en panne serait acheminé par une borne du Secours routier et par la gendarmerie, ou bien par le numéro vert d'une plate-forme d'assistance.

«Nous avons obtenu un accord de principe de nos partenaires, conclut M. Sarre. Il ne nous reste plus qu'à préciser les modalités de cette coopération dans laquelle chaque intervenant gardera sa personnalité.» **La présidence de la nouvelle association pourrait être confiée à une personnalité comme M. Jean Mattéoli, président du Conseil économique et social, ou Mme Yvette Chassagne, présidente de la Prévention routière.**

Alain Faujas

Le Monde, 22 mars 1990.

(1) Rapport d'une mission sur le dépannage routier. Juin 1989, 24 pages, par M. Jacques Deschamps, président de la Société des autoroutes du Nord et de l'Est de la France.

Une Europe sans frontières :

Un défi colossal

Si tant est que la foi soulève réellement les montagnes, l'Europe communautaire serait donc assurée de survoler les obstacles la séparant encore de ce «grand marché» regardé comme la «terre promise» par certaines entreprises : cet «espace continental» ne leur permettra-t-il pas de réaliser des économies d'échelle, de valoriser leurs avantages comparatifs, de rentabiliser le coût aujourd'hui prohibitif de la recherche qui seule leur permet de rester à la pointe du progrès, d'aiguiser par conséquent leur compétitivité par rapport à leurs concurrents étrangers ?

On pourrait raisonnablement croire, dès lors, que l'Europe communautaire se trouve, en effet, désormais engagée dans la voie de son salut économique. Que le mouvement amorcé vers l'objectif 1992 est irréversible. C'est, hélas, sans doute aller un peu vite en besogne et n'avoir du panorama dans lequel doit s'inscrire le «grand marché intérieur» qu'une vision fort partielle. Le défi qui reste à relever par les Européens s'avère, en effet, colossal !

S'il ne s'agissait, en effet, que d'implanter une zone de libre-échange, une sorte de grande surface où chacun viendrait remplir son «caddie» selon ses besoins et ses moyens, sans se soucier de l'intérêt commun, sans doute les choses seraient-elles aisées. Mais voilà, tout comme les «pères de l'Europe» n'entendaient pas «coaliser des États, mais bien unir des hommes», Jacques Delors et les commissaires qui l'entourent ne veulent nullement d'une relance européenne qui, exclusivement mercantile, ne serait qu'un leurre :

— «La Communauté aujourd'hui est à nouveau en mouvement. Un mouvement que Jean Monnet eût reconnu comme sien. Il puise, en effet, son dynamisme dans un objectif économique, la réalisation du "grand marché intérieur" en 1992; mais il est loin de se confondre avec lui. Son horizon est en fait beaucoup plus large; il dessine un véritable espace économique européen, dans lequel la liberté complète de circulation des personnes, des biens, des services et des capitaux, compose avec d'autres forces motrices de la construction européenne : la réduction des disparités régionales, la prise en compte de la dimension sociale au cœur de l'harmonisation, la coopération active dans le domaine monétaire pour plus de stabilité et plus de croissance, la mise en commun des efforts de recherche-développement, la découverte d'un rapport nouveau avec la nature et l'environnement. Il ne s'agit pas "d'accompagner" les forces du marché pour "compenser" les éventuelles conséquences dommageables de leur développement. Il s'agit bien plus profondément de reconnaître la force et l'originalité du modèle européen de développement, selon lequel progrès économiques et progrès sociaux, dynamisme du marché et vision à long terme, initiative et solidarité, ont toujours intimement coexisté.»

Plutôt qu'à un «marché intérieur», c'est donc à un «espace économique unifié» dont rêve la Commission. Faut-il préciser que cette ambition d'une tout autre ampleur, quand bien même elle s'inscrit dans le droit fil de la logique du Traité de Rome et de l'Acte unique qui l'a confirmé et approfondi, provoque des états d'âme dans les pays membres de la Communauté ?

Si la Commission a pris la décision d'entamer, cette année, une importante campagne d'information, c'est pour permettre aux Européens de juger «sur pièces», sur base de brochures traitant chacune des données de la problématique, les véritables enjeux du bouleversement magistral qui les attend et le sens des efforts qu'elle entend déployer pour y parvenir. C'est également, pour elle, une manière de démontrer, preuves à l'appui, le bien-fondé de la «demande d'Europe» croissante. Et d'offrir aux Européens qui auront la charge de «façonner l'Europe» à leur image la possibilité de penser et d'agir sans plus tarder en «européens». Car 1992, c'est demain !

Une Europe sans frontières — Commission des Communautés européennes : objectif 92. 1988.

Les banques européennes se disputent les bénéfices de la perestroïka

L'offensive de charme du numéro un soviétique Mikhaïl Gorbatchev a fini par toucher les banques européennes, qui rivalisent d'empressement ces dernières semaines pour offrir des milliards de dollars de crédits à l'Union soviétique de la perestroïka.

En quelques jours, ce sont des lignes de crédit d'un montant total de près de 6 milliards de dollars qui ont été accordées ou proposées par des consortiums de banques des quatre grandes puissances d'Europe occidentale : R.F.A., France, Grande-Bretagne et Italie.

Mardi, un consortium de banques ouest-allemandes emmenées par la Deutsche Bank a signé officiellement à Moscou un accord avec la Vnesheconombank soviétique pour une ligne de crédit de 3 milliards de DM (1,7 milliard de dollars). Un peu plus tôt, les banques italiennes avaient conclu un accord portant sur 80 millions d'ÉCU.

Sept banques britanniques dirigées par la Midland négocient actuellement l'octroi de prêts de un milliard de dollars tandis que les banques françaises sont en pourparlers pour un accord-cadre de crédit supérieur à 2 milliards de dollars, selon des sources bancaires françaises.

Dans le même temps, la signature d'accords de joint-ventures (sociétés mixtes) s'accélère. Leur nombre a dépassé la centaine, selon les autorités soviétiques, et la taille des projets grandit.

Un bon payeur

Pour les banquiers, la raison de cet engouement est simple : «L'U.R.S.S. est en train d'ouvrir son marché et modifie de fond en comble ses structures économiques», affirme le dirigeant d'une grande banque française.

«L'ouverture du marché soviétique est une des grandes chances de l'économie mondiale dans les quinze à vingt ans qui viennent», estime pour sa part un haut responsable financier international.

Si l'on considère le seul critère de la population, le marché soviétique, avec ses 275 millions d'habitants, est plus important que celui des États-Unis (240 millions). Les potentialités sont immenses, surtout pour les biens de consommation courante, car actuellement le citoyen soviétique vit dans un régime de pénurie quotidienne.

Les banquiers sont également d'autant plus enclins à prêter de l'argent aux Soviétiques que l'U.R.S.S. a une excellente solvabilité. Elle a toujours payé ses échéances rubis sur l'ongle et elle n'est que très peu endettée en regard de sa richesse (ne serait-ce qu'en or et en pétrole) : 39 milliards de dollars auxquels il convient de retirer 14 milliards de dollars d'avoirs à l'Ouest, soit 25 milliards nets, selon des chiffres officiels soviétiques qui correspondent aux évaluations occidentales.

La ruée des banques européennes vers Moscou est également liée à l'opération de séduction du numéro un soviétique Mikhaïl Gorbatchev envers les dirigeants ouest-européens, soulignent les milieux financiers.

Après le chancelier autrichien, Franz Vranitsky, et le président du Conseil italien, Ciriaco de Mita, c'est le chancelier ouest-allemand Helmut Kohl qui s'est rendu cette semaine à Moscou, tandis que le président François Mitterrand doit aller en U.R.S.S. les 25 et 26 novembre.

Pour les gouvernements comme pour les banquiers, il s'agit de ne pas se laisser distancer par les concurrents. «La France n'est pas en retard, mais il faut qu'elle augmente ses parts de marché en Union soviétique», affirme un banquier français, qui souligne que la France ne fournit que 8 % des importations soviétiques contre 20 % à l'Allemagne fédérale.

Pour les Soviétiques, le recours à l'argent occidental n'est pas nouveau. L'U.R.S.S. dispose même d'un puissant réseau bancaire en Occident (Moscow Narodny à Londres ou Eurobank à Paris). Après l'intervention en Afghanistan, les prêts occidentaux majeurs s'étaient interrompus, avant de reprendre doucement en 1984.

Mais la nécessité de répondre aux besoins de consommation des Soviétiques pour réussir la perestroïka, ainsi que les difficultés budgétaires de l'U.R.S.S. rendent nécessaire un recours accru à l'emprunt.

Nice-Matin, 31 octobre 1988.

RÉDACTION

Dans cet exercice, il est fait appel à certaines connaissances personnelles. On dégagera d'abord les idées principales du texte en relevant tous les éléments utiles pour la rédaction. Ensuite, il faudra effectuer des recherches personnelles pour trouver la documentation nécessaire qui permettra de comparer le cas proposé en France et dans le pays d'origine.

En général toute rédaction se compose :
— d'une ***introduction*** *qui permet de :*
- situer le sujet dans son contexte historique, politique, etc.;
- poser la question de fond;
- annoncer le plan.
— d'un ***développement*** *qui présente une démonstration ou une argumentation qui va du concret vers l'abstrait, ou, suivant le sujet, une thèse, une antithèse et une synthèse. Il n'y a pas de règle absolue, mais les différentes parties doivent s'organiser logiquement;*
— d'une ***conclusion*** *qui répond brièvement à la question posée, précédemment argumentée et qui «ouvre» le sujet en suggérant de possibles projections.*

Dans le cas présent, le développement se centrera sur :
- la présentation de la situation en France, qui sera pour l'essentiel le résumé du texte proposé ;
- la description du cas étudié dans le pays d'origine ;
- la comparaison entre les deux pays en insistant sur les différences les plus notables.
En fin de développement, on pourrait chercher les raisons de ces différences.

▲▲

1. Résumez en quelques lignes la situation du logement en France et comparez avec celle de votre pays ou région, après avoir effectué les recherches nécessaires.

Logement : en dix ans, onze mètres carrés en plus par ménage, mais c'est encore trop peu...

Les Français sont de mieux en mieux logés : les pavillons poussent comme des champignons et leur taille s'accroît sans cesse, mais pas encore assez au goût de leurs habitants, qui voudraient bien disposer d'une chambre d'enfant supplémentaire ou d'une salle d'eau plus vaste.

Les Français méritent bien leur réputation d'individualistes, selon l'enquête sur l'habitat en 1988, réalisée par l'I.N.S.E.E.

En effet, ils choisissent de plus en plus souvent d'habiter une maison avec un petit jardin, voire une maison jumelée (toujours avec le jardin), plutôt qu'un appartement ou qu'une «maison de ville» mitoyenne de ses voisines et donnant directement sur la rue.

Ces préférences se répercutent sur le marché du logement : la part des constructions individuelles est actuellement de 56 % du parc immobilier français, alors qu'elle était de 50,8 % en 1978. Sur le total des logements construits depuis 1975, un tiers sont des appartements et la moitié environ sont des pavillons. Quant à la maison de ville, elle disparaît peu à peu : 4,2 % des constructions neuves seulement.

Amoureux de leur tranquillité, les Français aiment aussi l'espace. La surface des habitations n'a cessé d'augmenter depuis 1978 : elle était alors de 77 mètres carrés en moyenne, et atteint maintenant 88 mètres carrés. En outre, qu'elles soient avec ou sans jardin, les maisons sont plus vastes en moyenne que les appartements : 105 mètres carrés de surface contre 68. Mais cela reste trop petit pour les Français qui se sentent à l'étroit chez eux.

Nice-Matin*, *17 décembre 1988.

▲▲
2. Résumez brièvement les idées principales du texte et comparez avec la pression fiscale sur les carburants dans votre pays.

Super : + 0,09 F demain : un bonus de sept milliards pour l'État

Les automobilistes ont jusqu'à ce soir minuit pour faire leur plein à l'ancien tarif. C'est, rappelons-le, demain que le prix du super à la pompe augmentera d'environ neuf centimes en raison d'un relèvement de 2,6 % des taxes sur les produits pétroliers (qui touchera aussi les autres carburants). Cette hausse, initialement prévue pour le 1er janvier, avait été reportée d'une petite semaine par le ministre de l'Economie et des Finances, Pierre Bérégovoy.

Le prix moyen de vente du super en France, qui était stable depuis trois semaines à 4,89 F le litre, après avoir atteint fin novembre-début décembre 4,91 F le litre, devrait ainsi dépasser légèrement les 5 F.

Il s'agit bien d'un prix moyen national, et non du prix que, dans leur majorité, les automobilistes de notre région trouveront à leur station-service : ainsi, sur la Côte d'Azur, les prix réellement pratiqués hors des grandes surfaces ces derniers jours se situaient-ils autour de 5,12 à 5,17 F. Il faut donc prévoir localement un super à 5,20-5,25 F à partir de demain. Ce qui n'interdit pas de trouver nettement moins cher, là où les marges bénéficiaires sont réduites.

Demain également, les taxes sur l'essence ordinaire augmenteront de 8,7 centimes le litre et celles sur le gazole de 4,7 centimes.

Les taxes pétrolières : 15 % du budget de l'Etat

Cette majoration de la taxe intérieure sur les produits pétroliers (T.I.P.P.), qui intervient automatiquement tous les ans, va rapporter à l'Etat sept milliards de francs de recettes supplémentaires, précise-t-on à l'Union des chambres syndicales de l'industrie pétrolière.

Les taxes sur les produits pétroliers, qui représentent 15 % du budget de la France, devraient ainsi apporter 142 milliards de francs dans les caisses de l'Etat au lieu de 135 milliards en 1988.

Hors taxes, un litre de super coûte en moyenne en France 1,14 F, soit l'un des niveaux les plus bas d'Europe. La concurrence, particulièrement vive entre les compagnies pétrolières et les grandes surfaces, qui cassent le prix du super, explique en grande partie ce phénomène.

Toutes taxes comprises, en revanche, avec un prix de 4,91 F/l à la mi-décembre, la France pratiquait les prix les plus élevés d'Europe derrière l'Italie (6,27 F/l).

Hausse de la production de pétrole de la France en 1988

La production de pétrole de la France a augmenté de 5 % en 1988 pour atteindre un — modeste — record de 3,4 millions de tonnes, selon un rapport de la Direction des hydrocarbures du ministère de l'Industrie.

La production de l'Aquitaine a continué à décliner pour atteindre 1,244 million de tonnes et ne représente plus que 36,7 % du total contre 39,1 % en 1987. Le Bassin parisien, première région pétrolière de France depuis 1986, a vu sa production progresser de 9 % pour s'élever à 2,13 millions de tonnes.

Sept découvertes de pétrole, toutes concentrées dans le Bassin parisien, ont été effectuées. L'activité d'exploration est demeurée soutenue : trente-huit puits ont été réalisés (contre trente et un l'année précédente), dont vingt-huit dans le Bassin parisien.

Les investissements de compagnies pétrolières dans l'exploration et la production d'hydrocarbures se sont élevés à 2,04 milliards de francs, en hausse de 15 % par rapport à 1987, dont plus d'un milliard dans le Bassin parisien. Toutefois, les prévisions budgétaires pour 1989 laissent apparaître une baisse de 16 %, les compagnies ne prévoyant d'investir que 1,71 milliard de francs.

Nice-Matin, 6 janvier 1989.

▲▲
3. Résumez la situation du tourisme en France à la fin de 1988. Comparez avec votre pays actuellement.

Tourisme : attention fragile !

Pour O. Stirn, la situation du tourisme français est bonne en apparence, mais un effort d'adaptation, d'accueil et de publicité doit être engagé. Dans l'immédiat, la saison d'hiver se présente bien.

Il reste 40 % de places libres dans les massifs français pour les vacances de Noël. Malgré ce chiffre donné hier par le ministre du Tourisme, Olivier Stirn, et qui semble s'expliquer par le mauvais enneigement de ces dernières années à la même époque, la saison de sports d'hiver devrait être bonne, voire «remarquable», les réservations étant presque complètes pour les vacances de février et de Pâques.

M. Stirn, qui avait présenté mercredi une communication au Conseil des ministres, a annoncé le lancement d'une campagne de publicité (télévision, affichage) pour inciter les citadins à aller respirer l'air des cimes, campagne qui a débuté dès hier soir à la télévision. Il en a aussi profité pour évoquer l'avenir du tourisme en France qui, selon lui, dispose d'atouts pouvant se révéler insuffisants si un effort d'adaptation, de promotion et d'accueil n'est pas engagé.

En ce qui concerne la saison d'hiver, le ministère a fait réaliser par la SOFRES un sondage duquel il ressort que 37 % des Français ont prévu de passer quatre nuits ou plus hors de leur domicile à l'occasion de congés entre le 16 décembre et le 24 mars. Une personne sur deux pense partir moins de quatre jours.

Quelles sont les destinations ? Pour 29 %, ce sont les sports d'hiver; 62 % ont choisi février, contre 13 % à Noël.

Le ministre a aussi évoqué l'avenir des champs de neige français. Il faut, a-t-il dit, «améliorer le potentiel d'hébergement hôtelier», qui est insuffisant, le logement en chalet étant dominant, ce qui semble dissuader la clientèle étrangère, alors que la Suisse et l'Autriche sont très attractif dans ce domaine.

Diversification

En outre, selon lui, «notre conception des sports d'hiver est trop marquée par la volonté d'accueillir des skieurs de haut niveau alors que beaucoup de gens viennent pour se détendre en famille et ne font pas plus de deux heures de ski par jour». Pour M. Stirn, le mot clé est la diversification : «Le ski de compétition a sa place mais il ne doit pas y avoir que ça. Les stations qui marchent sont celles qui se sont diversifiées.»

Cette volonté d'attirer la clientèle étrangère (ouest-européenne, américaine, japonaise) se retrouve d'une manière plus générale dans les projets de développement touristique du gouvernement. «La situation est bonne en apparence mais très fragile», a constaté Olivier Stirn.

Une offre «partiellement inadaptée»

Une étude du ministère, intitulée «le développement d'une industrie du futur» et rendue publique hier, constate que «notre offre touristique reste partiellement inadaptée à la demande internationale». S'il y a dix ans, la France se situait au premier rang européen pour les recettes touristiques, elle a été dépassée par l'Espagne et par l'Italie; la Grande-Bretagne et l'Allemagne de l'ouest la talonnent maintenant.

«Le nombre des Français qui partent en vacances (58 %) n'évoluera plus beaucoup maintenant», a constaté le ministre. En outre les Français sont de plus en plus nombreux à se laisser tenter par des vacances à l'étranger (chiffre actuel : 16 %). Il faut donc attirer les étrangers en France pour que le solde demeure positif (en 1988, dix millions de Français ont dépensé 50 milliards de francs à l'étranger tandis que 37 millions d'étrangers dépensaient 73 milliards en France).

Le ministre compte beaucoup sur la promotion du tourisme français (doublement des crédits avec 70 millions de F accordés par l'Etat sur un total de 124 millions). Et il espère que, non seulement on offrira aux étrangers des «produits» qui leur donneront envie de rester et de revenir, mais aussi que les Français se montreront plus accueillants.

Dans son étude, le ministère constate en effet que «rien ne sert d'attirer une clientèle étrangère en France si elle est mal reçue. (...) Les Français sont encore trop souvent considérés comme peu accueillants, prétentieux, agressifs et réfractaires aux langues étrangères. (...) Redresser cette situation sera long et difficile».

Solde net prévu pendant le 10e Plan : 120 milliards

Les efforts demandés sont à la mesure de l'enjeu pour l'économie française en général. En effet, M. Stirn a annoncé par ailleurs que l'objectif des pouvoirs publics est de faire passer le solde net de la balance touristique de 25 milliards de francs par an en moyenne durant le 9e Plan (1984-1988) à 30 milliards durant le 10e qui ne durera que 4 ans pour faire coïncider sa durée avec l'entrée en vigueur du marché unique européen, le 1er janvier 1993.

Pour l'année 1988 le solde positif de la balance touristique devrait être de 23 milliards de francs, les 37 millions de touristes étrangers ayant dépensé l'équivalent de 73 milliards alors que les 10 millions de touristes français partis à l'étranger y laissaient 50 milliards.

Nice-Matin, 23 décembre 1988.

TRADUIRE

Le recours à la traduction est fréquent dans les situations de type professionnel. C'est un exercice complexe, car toutes les langues sont différentes au niveau phonétique, sémantique, syntaxique... De plus, «chacune fait un découpage différent de la réalité, chacune utilise des moyens différents pour exprimer des idées, chacune a sa logique propre...» (Amparo Hurtado Albir, La traduction, série d'articles parus dans la revue Reflet n° 6, 7, 8 entre septembre 1983 et janvier 1984). La notion d'obligation, par exemple, ne sera pas exprimée par les mêmes structures en français, en anglais ou en portugais.

Lorsqu'il s'agit de phrases simples, il est conseillé de rechercher d'éventuels problèmes de syntaxe ou de sémantique et de retrouver dans sa langue maternelle le ou les moyens linguistiques employés dans la même situation de communication.

Pour un texte, il convient de le lire plusieurs fois pour bien en comprendre le sens et voir l'enchaînement des idées. Il faut ensuite le replacer dans son contexte (émetteur, destinataire, situation, sujet...) et élucider les problèmes sémantiques à l'aide de dictionnaires bilingues et unilingues ou d'autres documents afin de trouver la meilleure équivalence.
On pourra aussi, dans sa langue maternelle, résumer le texte et se documenter sur le sujet traité.

Il est important de comprendre qu'une traduction ne doit pas être la simple recherche d'équivalences lexicales et syntaxiques. La traduction a pour but de transmettre un message d'une langue dans une autre. Il convient d'avoir toujours en vue l'ensemble du texte à traduire et d'être fidèle au sens plutôt qu'aux mots.

TRADUCTION DE PHRASES

Traduisez les phrases suivantes dans votre langue maternelle.

1. La vente

A. Nous joignons à cette lettre une facture en triple exemplaire comme vous nous l'aviez demandé.

B. Lorsqu'un client paie avec une carte de crédit n'oubliez pas de vérifier la signature et la date de validité de la carte.

C. Je connais un imprimeur qui pourrait exécuter cette commande avant la fin du mois.

D. Nous prévoyons une baisse de notre chiffre d'affaires de près de 3 % par rapport à celui du semestre dernier.

E. Nous vous téléphonerons avant trois heures pour vous préciser la date de la visite de notre représentant.

F. Nous vous adressons ci-joint des échantillons de nos tissus de qualités et de couleurs différentes.

G. Le délai que vous nous avez indiqué est trop important, nous ne pouvons accepter votre offre.

H. Notre service de livraison est gratuit pour tout achat supérieur à 1 000 F

I. Etes-vous intéressé par cette offre que nous réservons à nos meilleurs clients et qui se terminera dans quinze jours ?

J. Nous espérons avoir le plaisir de vous recevoir à notre stand n° 15, secteur B, de la foire internationale de Marseille.

K. Nous vous prions de bien vouloir régler cette facture le plus rapidement possible.

L. Les frais d'emballage et de transport sont, en principe, à la charge du client.

▲
2. L'entreprise

A. La secrétaire a rangé le dossier bleu dans le dernier tiroir de son bureau.

B. Une campagne de publicité bien faite peut rapporter de gros bénéfices.

C. Un service de relations publiques a pour but de mieux faire connaître une entreprise.

D. Pouvez-vous m'aider à préparer l'ordre du jour de la prochaine réunion des actionnaires ?

E. Une étude de marché permet d'adapter un produit aux besoins et aux goûts des consommateurs.

F. Notre directeur commercial pense pouvoir atteindre les objectifs fixés plus tôt que prévu.

G. Un commerçant doit conserver ses livres de comptabilité, sa correspondance... pendant les délais prescrits par le Code de Commerce.

H. Veuillez me réserver une place non-fumeur, en classe affaires sur le vol Paris-Bastia de 8h 35.

I. Le conseil d'administration a décidé de maintenir le gérant dans ses fonctions pour deux ans.

J. La comptabilité permet aux responsables d'une entreprise de prendre leurs décisions de façon rationnelle.

K. Nous recherchons une secrétaire trilingue pour la nouvelle agence que nous allons ouvrir à Saint-Vallier.

L. Les catalogues répondent au désir d'information des consommateurs et leur permettent de comparer les différentes marques.

▲
3. L'économie

A. Les entrepreneurs exigent du gouvernement des subventions plus importantes pour l'emploi des jeunes.

B. La croissance du taux de chômage inquiète l'ensemble des partenaires sociaux.

C. Cette entreprise connaît des difficultés à cause de la hausse du prix des matières premières qu'elle emploie.

D. L'introduction de l'informatique dans certains secteurs a posé de graves problèmes de reconversion professionnelle.

E. Les conditions de travail et d'hygiène se sont beaucoup améliorées ces dernières années.

F. La publication du nouvel indice des prix à la consommation a provoqué de vives réactions de la part des syndicats.

G. Selon nos informations, le prix du baril de pétrole devrait continuer de baisser en raison du désaccord entre les différents pays producteurs.

▲
4. Les capitaux

A. La création d'une société anonyme permet de réunir les capitaux nécessaires au lancement d'une affaire importante.

B. La Bourse permet aux grandes entreprises de trouver les fonds nécessaires à leur fonctionnement.

C. Une action est un titre de propriété qu'une personne obtient généralement, en échange d'un apport de capital dans une société.

D. La Bourse est le lieu où les actions sont échangées en fonction de la loi de l'offre et de la demande.

E. La facture est le document envoyé par le fournisseur à son client pour indiquer le prix des marchandises ou des services à payer.

F. Les foires-expositions sont importantes car les produits peuvent être vus, manipulés, goûtés... Elles sont aussi l'occasion de conclure des contrats.

G. Les sociétés sont obligées de retenir un certain pourcentage sur toutes les rétributions à titre d'acompte sur l'impôt sur le revenu.

H. Nous attirons tout particulièrement votre attention sur les prix que nous pratiquons pour des séjours de plus de dix jours en période hors-saison.

▲
5. Le personnel

A. Le chef du personnel m'a conseillé d'aller suivre un cours de commerce extérieur à la Chambre de Commerce.

B. Il y a dix ans que je travaille dans cette agence de voyages et j'ai connu trois directeurs différents.

C. Nous restons à votre entière disposition et vous rappelons que notre service technique fonctionne même le dimanche.

D. Nous regrettons de ne pouvoir vous donner de renseignements favorables sur l'entreprise de peinture qui vous a contacté.

E. Je voudrais savoir qui a tapé cette lettre et a oublié de la faire signer.

F. Les entreprises qui embaucheront des chômeurs pour une durée supérieure à six mois bénéficieront d'aides financières importantes.

G. Les négociations pourraient aboutir, dans les six mois, à un accord de fusion entre ces deux firmes concurrentes.

H. Notre directeur des ventes qui se rendra, prochainement, dans votre région souhaiterait rencontrer un responsable du service achat de vos établissements.

I. Je voudrais que vous preniez contact avec les meilleures agences publicitaires de la région en vue de la préparation de notre prochaine campagne.

J. Les résultats de l'entrevue et des tests réalisés au début du mois ont été jugés satisfaisants; en conséquence veuillez prendre contact avec notre service du personnel.

TRADUCTION DE LETTRES

1. Changement d'adresse

Ambassade de France
8, St Martin's Road
London W1R 6 BH

L'Express
Service des abonnements
31, cours des Julliottes
94713 Maisons-Alfort Cedex
France

Londres,
le 30 juin 19...

Madame, Monsieur,

Nous vous prions de bien vouloir noter que madame Troisère, notre attachée linguistique, à qui vous adressez régulièrement votre publication, quittera Londres pour Santiago du Chili le 30 août prochain.

En conséquence, à dater du 1er septembre, vous aurez à lui faire suivre cet abonnement à l'adresse ci-dessous :

Madame Troisère
Zona residencial Quinta Amelia, 8 B.
Santiago
CHILI

Sur les instructions de Madame Troisère, nous vous informons que cet abonnement venant à expiration le 31 décembre prochain, ne sera pas renouvelé. Vous voudrez bien lui faire connaître directement le montant des frais supplémentaires d'affranchissement qu'elle vous devra pour l'abonnement en cours.

Nous vous prions de bien vouloir nous accuser réception de la présente et d'agréer, Madame, Monsieur, nos salutations distinguées.

Pauline Duval

▲▲

2. Suspension de paiement

Circulaire : avis de suspension de paiement.

Distrib Elect
Jacques Turront
2, rue Josselin
45000 Orléans

Monsieur,

Durement touché par la concurrence de grandes surfaces qui se sont installées dans notre région, et à la suite de lourdes pertes causées par la faillite de deux de mes principaux clients, je me trouve dans l'obligation de suspendre mes paiements à dater de ce jour.

Je fais établir actuellement la balance de mes livres et je pense être en mesure de convoquer mes créanciers dès le début du mois prochain afin de leur présenter un bilan exact de ma situation. S'ils acceptent de m'accorder des délais suffisants, j'ai tout lieu de croire que je pourrai tenir tous mes engagements sans avoir même à réaliser entièrement les stocks et les immeubles qui forment l'essentiel de l'actif de mon entreprise.

J'espère, Monsieur, que vous aurez l'obligeance, en raison de l'ancienneté de nos relations, d'attendre cette convocation et de vous faire représenter par un fondé de pouvoir si vous ne pouvez vous y rendre en personne.

Dans cette attente, je vous prie d'accepter, Monsieur, l'expression de mes sentiments distingués.

J. Turront

▲▲
3. Exportation

Maison Carlavan Frères
56, cours Honoré-Cresp
06130 Grasse

Télécopie 93 36 10 00

Monsieur le Directeur de la
Chambre de Commerce française
Leibnitz 31
11581 Mexico D.F.

Grasse,
le 4 septembre 19...

Monsieur,

Ayant l'intention d'établir une représentation de mes produits cosmétiques au Mexique, et spécialement à Mexico, je désire recevoir de vos services certains renseignements commerciaux et financiers.

Je vous serais obligé de me faire savoir s'il me sera possible de placer sur le marché mexicain mes différentes lignes de produits qui se présentent comme des articles haut de gamme, sans dépasser de beaucoup les prix d'articles de qualité inférieure. Le succès de mes représentants au Costa Rica et à Panama me laisse augurer de bons résultats.

Pourriez-vous m'indiquer les noms de quelques établissements commerciaux et grands magasins, de bonne réputation et de crédit solide, susceptibles d'être intéressés par la représentation de mes produits dans la région de Mexico ainsi que dans le reste du pays ?

Je m'engage à écrire à toutes les adresses que vous aurez l'amabilité de me faire parvenir et à étudier toutes les propositions.

Il me serait utile de connaître aussi les tarifs douaniers et les formalités exigées pour l'importation de ce genre d'articles au Mexique.

Avec tous mes remerciements, je vous prie d'agréer, Monsieur, l'expression de ma considération distinguée.

Jean Carlavan

Chocobrest
Chocolatier - Confiseur
14, rue du Corsaire
29200 Brest
Télex 4 03822 F

Catalana de distribuciones S.A.
Ada de Buenos Aires, 23
08021 Barcelone
Espagne

Brest,
le 16 mars 19...

N. réf. : AL/MM 121/88

A l'attention de Pedro Peroy

Cher Monsieur,

Nous vous remercions pour votre accueil et votre gentillesse durant notre séjour en Espagne.

Notre présence à votre stand pendant Alimentaria, nous aura permis de travailler dans le même sens, afin d'établir les bases de notre prochaine collaboration.

Nous vous confirmons les différents points de notre discussion :

PRODUITS :

Nous avons fait ensemble, à la suite des réactions de vos clients, un choix limité des produits de Chocobrest pour Noël 19...
Dans l'ensemble, les articles à la pièce 15 gr. liqueur et les chocolats blancs ont été sélectionnés.
En ce qui concerne notre catalogue général, le choix s'est établi en fonction de deux types de produits : une gamme supermarché et une gamme épicerie fine.

PRIX :

Nous vous avons remis sur place une liste de prix franco Barcelone pour une commande minimum de 6 000,00 francs.
Nous vous confirmons le prix spécial des calendriers de l'Avent, référence 520054 à 6,40 francs.
Cet article, comme nous l'avons vu avec vos clients, peut être vendu en grosses quantités dans les chaînes de supermarchés.
Comme nous vous l'avons précisé cette liste de prix est nette. Cependant, si vous avez une promotion spéciale avec un supermarché ou un article que vous pouvez vendre en grosses quantités en modifiant le prix, nous sommes ouverts à toute discussion.

L'échéance de paiement est fixée à 60 jours date de livraison.

.../

/...

ECHANTILLONS :

Dès que vous nous aurez indiqué le nombre de collections nécessaires à vos représentants, nous vous les ferons parvenir avec nos catalogues et nos affiches.

EXCLUSIVITÉ :

Nous travaillerons avec votre Société sur la base d'une exclusivité totale pour l'Espagne, les îles Baléares à l'exclusion de Ceuta, Melilla et les îles Canaries.

Comme vous le savez, nous avons travaillé précédemment avec un importateur de Madrid. Nous supposons que toutes les marchandises que nous lui avons livrées pour Pâques 19.. ont été vendues car depuis cettte date nous ne lui avons effectué aucune livraison.

Nous considérerons l'année prochaine comme une année de mise en place des produits, qui ne pourra ni pour vous, ni pour nous, être réellement significative des résultats de vos clients.
Nous vous proposons donc un essai de deux années, avec une estimation du chiffre d'affaires de 600.000 à 700.000 francs à la fin de la deuxième année.
Si cet objectif n'est pas atteint, nous nous gardons le droit d'observer avec vous les résultats de vos ventes et le cas échéant, si nous le jugeons utile pour notre société, de mettre fin à notre collaboration.

ETIQUETAGE :

Vous trouverez ci-joint les traductions d'ingrédients en espagnol pour nos trois types de chocolat : fourré liqueur, fourré praliné et au lait.

Veuillez nous indiquer votre numéro de registre sanitaire et les mentions obligatoires à porter sur les étiquettes.

CONSERVATION DES CHOCOLATS :

En ce qui concerne la date de validité des produits, je vous rappelle que le chocolat liqueur se conserve 6 mois, le praliné 8 mois et le lait 12 mois.
Ces chocolats doivent être maintenus entre 15° et 24°. Les chocs de température importants n'altèrent pas la qualité gustative du produit, mais ils provoquent un blanchiment du chocolat qui le rend invendable.
Pour ces différentes raisons, il nous est impossible de vendre des chocolats entre avril et septembre.

Mme Calmille, ma collaboratrice, se tient à votre entière disposition pour tout autre renseignement concernant nos produits.

Nous vous remercions encore une fois de votre accueil à Barcelone et vous adressons nos cordiales salutations.

Alexandra Lacoste
Service Export

▲
1. Tourisme

Un plan en faveur du tourisme

Conseil des ministres

Le Conseil des ministres d'hier a été marqué par trois communications : le «bilan touristique de la saison estivale 1988», «les orientations-actions du ministère des Affaires européennes» et le traditionnel «tour d'horizon» de la situation internationale.

Le ministre du Tourisme, M. Olivier Stirn, a «insisté sur le fait que la France a reçu plus de touristes que les deux années précédentes, sans toutefois connaître une année exceptionnelle». Les Français ont pris 600 millions de journées de vacances dont 80 % en France, 100 millions de journées de vacances ont été prises par des étrangers dans l'Hexagone. Selon M. Stirn, les Français sont 50 % à partir en vacances.

«Ces tendances positives, observées sur une période de deux mois, qui représentent 40 % des résultats de l'année, laissent espérer que la balance touristique connaîtra un excédent de 22 milliards de francs en 1987», a estimé le ministre, selon lequel l'effort de promotion de «l'image de la France à l'étranger sera accrue pour préparer l'année 1989». Il a dégagé trois orientations : accentuer la promotion sur la période estivale de 1989 qui correspond au bicentenaire de la Révolution française, encourager la formation aux métiers du tourisme, veiller à l'adaptation de notre produit touristique.

Nice-Matin, 8 septembre 1988.

▲
2. Fiscalité

Pas d'Europe sans frontière pour échapper au fisc

Les entreprises de la C.E.E. ne peuvent pas invoquer le Traité de Rome pour s'installer dans n'importe quel pays de la Communauté afin d'échapper au fisc, a affirmé hier la Cour européenne de Justice de Luxembourg, dans une affaire exemplaire opposant le groupe «Daily Mail» au gouvernement britannique.

Le groupe de presse britannique, qui entendait transférer son siège aux Pays-Bas pour y jouir d'un meilleur «environnement fiscal» contre l'avis du Trésor britannique, a été débouté par les magistrats.

L'arrêt de la Cour met un terme aux espoirs des entreprises qui, sans attendre le grand marché de 1993, voudraient contourner les lois nationales pour s'établir dans un autre pays de la C.E.E. où la législation leur semble plus favorable, relèvent les observateurs.

Le groupe «Daily Mail and General Trust PLC», une holding qui édite les journaux populaires à grand tirage «Daily Mail», avait projeté en 1984 de transférer son siège social aux Pays-Bas tout en conservant sa qualité de société de droit britannique.

L'administration britannique avait immédiatement dénoncé une manœuvre visant, selon elle, à profiter de la taxation néerlandaise sur les plus-values, plus clémente qu'en Grande-Bretagne.

A la demande de la Haute Cour de Justice britannique, la Cour européenne vient d'estimer que la société ne pouvait transférer son siège tout en conservant son statut d'origine, donc conserver les avantages sans les inconvénients...

Nice-Matin, 28 septembre 1988.

▲
3. Sports d'hiver

Pour entrer dans le «club des grands»

L'Alpe d'Huez inaugure de nouveaux équipements

Le maire de l'Alpe d'Huez (Isère), Jean-Guy Cupillard, vient d'inaugurer la première tranche d'une série d'équipements nouveaux, qui, à terme, représentent un investissement d'un milliard de francs et vont faire rentrer cette station dans le club des grands du ski mondial.

M. Cupillard a inauguré hier un télécabine, un télésiège, une usine de neige artificielle, un restaurant d'altitude, un palais des sports et des congrès. En janvier sera inauguré le plus grand téléphérique du monde reliant une commune de 450 habitants, Vaujany, qui bénéficie des taxes professionnelles du barrage EDF de Grand Maison, à l'Alpe d'Huez.

Ce téléphérique de 125 places, long de 4,2 km, permettra de relier en 12 minutes Vaujany (1.200 m) au dôme des Petites Rousses à 2.800 m, avec un débit de 2.000 skieurs par heure. De nouveaux engins de remontée permettront aussi de relier le village d'Oz au domaine skiable de l'Alpe d'Huez, portant le nombre de kilomètres de pistes à 220 km. 3.500 lits nouveaux ont été construits cette saison ainsi qu'un hôtel 4 étoiles.

Selon M. Cupillard, le but de ces investissements est de faire de l'Alpe d'Huez «une des 10 grandes stations françaises de renommée mondiale».

Nice-Matin, 23 décembre 1988.

▲▲
4. Sanctions économiques

Amérique et Asie contre la C.E.E.

C'est aujourd'hui que les États-Unis doivent publier la liste détaillée des produits européens frappés par les sanctions décidées à Washington en représailles contre l'interdiction d'importer en Europe du bœuf américain aux hormones. Et c'est avant-hier que la C.E.E. a annoncé les taxes anti-dumping qui s'appliqueront, dans la Communauté, aux cassettes vidéo originaires de Hong Kong et de Corée du Sud.

L'année 1988 se termine donc sur une recrudescence de la guérilla commerciale qui oppose, sous diverses formes, le Marché Commun aux États-Unis et à différents pays d'Asie.

Certes, on se gardera de dramatiser. Les mesures américaines concernent seulement une minuscule partie des achats en provenance de notre continent (100 millions de dollars). D'autre part, la riposte de Bruxelles au dumping asiatique ne couvre qu'une période maximum de quatre mois. Pourtant, cette alerte est plus sérieuse que les précédentes.

Dans le cas des États-Unis on ne doit pas, d'abord, négliger l'impact des sanctions que subiront les produits européens (jambon, tomates, café soluble, etc.) soumis aux représailles. Surtout, c'est la première fois que l'équipe Bush — qui gouvernera dès le 20 janvier — cautionne aussi nettement la guérilla engagée par l'administration Reagan finissante.

On aperçoit du même coup deux traits caractéristiques du futur président américain. D'un côté, beaucoup de sympathie envers l'Europe, qu'il connaît bien. De l'autre, une grande fermeté sur les dossiers chauds, en particulier la défense du dollar, donc du commerce des États-Unis.

Dans son équipe, deux personnalités y veilleront : Robert Mosbacher, 61 ans, nommé secrétaire au Commerce et Carla Hills, une avocate énergique de 54 ans, chargée des échanges avec l'Europe et l'Asie.

Déjà, Carla Hills déclare vouloir tenir la dragée haute non seulement aux Européens, mais encore au Japon et aux quatre «dragons d'Asie» (Corée du Sud, Taïwan, Hong Kong, Singapour).

C'est, sans nul doute, un avertissement à la C.E.E. Mais c'est aussi une indication utile dans la mesure où l'Europe ne sera pas seule à lutter contre l'expansionnisme économique asiatique.

René Dabernat
Nice-Matin, 29 décembre 1988.

Rencontre
Profession ? aromaticien...

Le comble de l'aromaticien ? Imaginer un yaourt qui aurait parfaitement le goût et l'odeur de la fraise, sans jamais avoir eu affaire, ni de près ni de loin, à l'un de ces mignons petits fruits rouges... !

Profession mal connue du grand public, elle est souvent assimilée à celle de parfumeur. Son rôle ? Il participe directement au plaisir de la consommation et à l'image d'un produit, en reconstituant le goût, l'odeur, et la saveur de fruits voire de plantes en vue d'une application alimentaire sur toute nourriture consommable par l'homme ou l'animal.

Mais qu'est-ce qu'un arôme alimentaire ? Un mélange particulièrement complexe qui fait intervenir des matières premières naturelles d'origine animale ou végétale, ou de matières synthétiques.

Les arômes synthétiques se décomposent en deux catégories, les arômes «nature identique» généralement composés de produits existants dans la nature et les «arômes artificiels» constitués de molécules créées par l'homme. Quant aux arômes naturels, ils sont, comme l'indique leur nom, d'origine naturelle. Il existe une troisième catégorie, les «arômes renforcés» qui naissent d'un mélange de naturels et d'artificiels ou de naturels et de produits identiques. La palette de produits chimiques ou de matières naturelles utilisables par l'aromaticien est strictement réglementée et beaucoup moins complète que celle mise à la disposition d'un parfumeur.

Avant tout travail de création, l'aromaticien va veiller à la parfaite adéquation entre l'arôme créé et le milieu dans lequel il va évoluer; boisson, confiserie, plat cuisiné... Autre facteur à prendre en considération, les goûts et les coutumes alimentaires des consommateurs, qui varient en fonction des régions. Des laboratoires d'application spécialisés permettant des tests sophistiqués de conservation, de vieillissement sont mis à leur disposition.

Les qualités d'un bon aromaticien ? Avoir une bonne connaissance des composants naturels des aliments et un esprit créatif pour jongler avec les différents éléments mis à sa disposition. Des notions de technologie alimentaire et de chimie lui rendront certainement quelques services. Mais l'aromaticien doit surtout posséder un sens olfacto-gustatif très aigu... Chaque aromaticien, comme chaque grand cuisinier, crée et imagine en fonction de sa propre sensibilité et de son interprétation des goûts et des odeurs. C'est cette touche d'originalité et de personnalité qui fera son succès...

Florence Bellon

***Nice-Matin*, 23 août 1988.**

▲▲
6. Informatique

IBM adopte la carte à puce française

La carte à puce, petite carte de plastique dotée d'un micro-processeur inventée en 1974 par le Français Roland Moreno, vient d'accéder au rang des grandes inventions en recevant la consécration du numéro un mondial de l'informatique, le constructeur américain IBM.

La compagnie américaine vient en effet de signer un accord en vue de l'exploitation des lecteurs de cartes à mémoire, accord qui réserve cependant au constructeur le droit de fabriquer ou de faire fabriquer ses propres cartes, par les Japonais peut-être.

La signature, qui s'est déroulée le mois dernier au siège d'IBM à Armonk, dans l'État de New York, constitue pour l'inventeur du procédé, le Français Roland Moreno, la véritable consécration de son produit.

Ce contrat, dont le montant est jalousement gardé secret, s'adresse tout de même à un marché de 8 millions de micro-ordinateurs de marque IBM. Ce chiffre passe à 17 millions si l'on y inclut les nombreux appareils fabriqués par les divers concurrents du constructeur mais compatibles avec les IBM (toute la classe des «compatibles PC»).

Quoique reconnue et utilisée par soixante-quatre grandes sociétés aux États-Unis, au Canada, en Europe de l'Ouest et même au Japon, la carte à puce est toujours boudée dans son pays d'origine par le secteur bancaire où elle n'a pas encore véritablement effectué sa percée. Seules les P.T.T. l'utilisent pleinement comme moyen de paiement dans les cabines téléphoniques publiques. Pourtant, selon M. Moreno, la carte est totalement inviolable et ne peut faire l'objet d'aucune manipulation frauduleuse. C'est cet aspect sécurité qui a convaincu IBM d'utiliser l'invention française sur ses micro-ordinateurs.

Pour 1995, le marché des micro-ordinateurs est évalué par les experts à 50 millions d'unités.

Nice-Matin, 7 septembre 1988.

▲▲
7. Le commerce français

Hausse des exportations et des investissements

Le secteur du commerce a poursuivi en 1987 sa croissance, soutenue par les investissements et les exportations qui ont pris le relais de la consommation des ménages, principal facteur de stimulation en 1986.

Commentant le rapport des comptes commerciaux de la nation publiés hier par l'I.N.S.E.E., François Doubin, ministre du Commerce et de l'Artisanat, a souligné le dynamisme de ce secteur marqué par une progression de 9,3 % des investissements et de 1,5 % de l'emploi.

Le ministre a estimé «important que tous les types de commerce évoluent de façon complémentaire et se modernisent de façon cohérente», en insistant notamment sur «le commerce de proximité qui est nécessaire à la cohésion sociale, à l'animation du rez-de-chaussée des villes et à la réactivation du tissu rural».

Le commerce a ainsi poursuivi un effort «intense» d'investissement (9 % en volume après 14 % en 1986) et, selon l'I.N.S.E.E., «il est probable que le commerce participe à la vague actuelle de modernisation des entreprises par l'informatique, la bureautique et la télématique».

Côté emploi, pour la seconde année consécutive, les actifs du commerce, salariés et non salariés, ont augmenté d'environ 35 000 personnes (+ 1,3 %). Pour l'emploi salarié, on compte 30 000 personnes de plus en 1986 (dont 15 700 en stage d'insertion) et 34 500 en 1987 (dont 5 300 stagiaires). La décrue de l'emploi non salarié a fait place à une légère croissance, selon les experts.

Les créations de commerce ont progressé de près de 2 %, le parc d'hypermarchés s'est accru de 29 unités et celui des supermarchés de 324 unités.

Les résultats ont enregistré une légère amélioration de 1,8 %, en ralentissement par rapport à 1986 (+ 2,7 %).

Hypermarchés : + 11,7 %

Dans le commerce de détail, la concurrence a permis une progression des hypermarchés (+ 11,7 %) dans l'alimentaire, et des gains de parts de marchés des entreprises gérant des magasins de grande surface (habillement, équipement du foyer, loisirs...).

Nice-Matin, 1er juillet 1988.

▲▲
8. Télécommunication

L'Europe du téléphone reste à faire !

Aujourd'hui, le prix d'une communication téléphonique de 5 minutes de Dublin à Paris n'est pas la même que dans le sens inverse : 34 F dans le premier cas et 20 dans le second. L'Europe du téléphone reste à faire !

L'harmonisation des tarifs entre les douze pays de la C.E.E. n'est pas au programme du marché unique. L'accroissement des échanges entre les Etats concernés et la volonté des autorités de Bruxelles de mettre tous les Européens sur un pied d'égalité vont, toutefois, nécessiter un rapprochement dans ce domaine.

Le déséquilibre des prestations d'un endroit à l'autre s'avère être un obstacle de taille. D'après le Bureau européen des unions de consommateurs, il faut près de six mois pour obtenir une ligne en Espagne ou au Portugal contre une petite semaine en France et quinze jours aux Pays-Bas. La Grèce, toujours selon cet organisme, se distingue avec deux ans de délai. Les coûts pratiqués à l'installation sont également très différents. Reste, bien sûr, la disparité des tarifs pour un appel local, interurbain ou international. Sans parler du confort d'écoute. Si, par exemple, l'attente pour l'obtention d'une ligne en Espagne est très longue, les prix des communications se situent dans la moyenne européenne.

Dans de nombreux pays, le secteur des télécommunications est en pleine mutation. La Grande-Bretagne vient de dénationaliser British Telecom. Gérard Longuet, chargé des P.T.T. sous le gouvernement Chirac, avait déclaré son intention d'ouvrir le marché français à la concurrence. Au Danemark, le réseau est partagé par quatre compagnies régionales. Ailleurs, le secteur public détient le monopole mais il est appelé à concéder, de plus en plus, la gestion de certains services à des sociétés privées.

La question est donc de savoir si l'Europe du téléphone est possible alors que les pratiques nationales ne répondent pas toutes aux mêmes critères.

Nice-Matin, 25 juillet 1988.

▲▲
9. Rémunérations.

Bas salaires pour les jeunes

Selon le Cerc, le «quasi-emploi» a une influence négative sur la rémunération des jeunes.

Si en 1973 les jeunes âgés de dix-huit à vingt ans gagnaient, en moyenne, 19 % de plus que le Smic, ce chiffre est tombé à 3 % en 1985 (35 % au lieu de 58 % pour la tranche vingt ans-vingt-cinq ans et pour la même période). Telle est la principale conclusion de l'analyse publiée par le Cerc (Centre d'étude des revenus et des coûts) dans sa dernière note.

La cause ? Le chômage, bien sûr, mais également le «quasi-emploi» qui n'a pas cessé de se développer au cours de ces dernières années. Sous ce terme peu orthodoxe, se cachent en fait tous les dispositifs de formation en alternance ou d'insertion, comme le sont les TUC, les SIVP, les contrats de qualification ou d'adaptation. Le Cerc indique cependant que ces mécanismes sont parfois détournés de leur but initial, constituant ainsi «une main-d'œuvre bon marché pour les secteurs traditionnellement sous-rémunérateurs».

Il est vrai que les salaires proposés par ce type de conventions restent largement inférieurs au Smic, même s'ils connaissent une évolution positive tout au long de leur durée (trois mois à deux ans suivant les hypothèses). Cela étant, à l'exception des contrats d'adaptation qui offrent une rémunération forcément supérieure au salaire minimum, le jeune soumis à l'un des autres statuts ne peut guère espérer recevoir plus de 75 % du Smic, dans le meilleur des cas.

Dès lors, les auteurs de cette enquête concluent que les jeunes disposant d'un emploi stable pâtissent de cette situation. Celle-ci tend en effet à niveler leur propre rémunération vers le bas.

«Quasi-emploi»

Le Cerc relève néanmoins que seulement 44 % des jeunes considérés comme «actifs» ont un contrat de travail à durée indéterminée. Les autres (25 %) sont au chômage ou occupent un «quasi-emploi» (20 %); or ces stages débouchent rarement sur une embauche véritable...

Aliette de Broqua

Le Figaro, 23-24 juillet 1988.

LEXIQUE

A

accord	Abkommen	agreement	acuerdo	accordo
accuser réception	den Empfang bestätigen	to acknowledge receipt	acusar recibo	accusare ricevuta
achat	Kauf	purchase	compra	acquisto
acheter	kaufen	to buy	comprar	comprare
acquérir	erwerben	to purchase	adquirir	acquistare
acquisition	Erwerb	acquisition	adquisición	acquisto
actif	Aktiv	assets	activo	attivo
action	Aktie	share	acción	azione
actionnaire	Aktionär	shareholder	accionista	azionista
adresse	Adresse	address	dirección	indirizzo
adresser(s')	sich wenden an	to go and see, apply to	dirigir(se)	rivolgersi
affaire(s)	Geschäft	business	negocio(s)	affari
agence	Agentur	office, agency	agencia	agenzia
amélioration	Verbesserung	improvement	mejora	miglioramento
améliorer	verbessern	to improve	mejorar	migliorare
appareil	Apparat	apparatus, appliance	aparato	apparato, apparecchio
appel d'offres	Ausschreibung	invitation to tender	licitación	bando di gara
appel	Anruf	call	llamada	chiamata
apport	Beteiligung, Einlage	transfer (of capital)	aportación	apporto
approbation	Zustimmung	approval	aprobación	approvazione
approuver	zustimmen	to approve	aprobar	approvare
association	Vereinigung	association	asociación	associazione
associé	Gesellschafter	associate	socio	socio
assurance	Versicherung	insurance	seguro	assicurazione
assureur	Versicherer	insurance agent	agente de seguros	assicuratore
atteindre	erreichen	to reach	alcanzar	raggiungere
au comptant	in bar	in cash	al contado	in contanti
augmentation	Erhöhung	increase	aumento	aumento
autorisation	Genehmigung	permission	permiso	autorizzazione
avancement	Aufstieg	promotion	promoción	promozione
avantage	Vorteil	advantage	ventaja	vantaggio

B

baisse	Rückgang	drop	baja	ribasso
balance commerciale	Handelsbilanz	balance of trade	balanza comercial	bilancia commerciale
banque	Bank	bank	banco - banca	banca
bénéfice	Gewinn	profit	beneficio	beneficio
bilan	Bilanz	balance sheet	balance	bilancio
billet	Schein	note	billete	biglietto
Bourse	Börse	Stock Exchange	Bolsa	borsa
budget	Budget	budget	presupuesto	budget

C

cadre	leitender Angestellter	executive	ejecutivo	quadro
caisse	Kasse	cash, till	caja	cassa
calcul	Rechnung	calculation	cálculo	calcolo
calculer	rechnen	to calculate	calcular	calcolare
campagne	Kampagne	campaign	campaña	campagna

candidat	Bewerber	candidate	candidato	candidato
capital/-taux	Kapital	capital	capital-es	capitale
carte (de crédit)	Kreditkarte	(credit) card	tarjeta (de crédito)	carta (di credito)
change	Wechsel	exchange	cambio	cambio
chèque	Scheck	cheque	talón - cheque	assegno
chiffre d'affaires	Umsatz	turnover	volumen de negocios	cifra d'affari
choisir	wählen	to choose	elegir - escoger	scegliere
choix	Auswahl	choice	elección	scelta
chômage	Arbeitslosigkeit	unemployment	paro	disoccupazione
chômeur	Arbeitsloser	unemployed person	parado	disoccupato
ci-joint	anbei	enclosed	adjunto	qui allegato
client	Kunde	customer, client	cliente	cliente
colis	Paket	parcel	paquete	pacco
commande	Bestellung	order	pedido	ordine
commander	bestellen	to order	pedir	ordinare
commerçant	Kaufmann	shopkeeper	comerciante	commerciante
commerce	Handel	trade, business	comercio	commercio
commission	Provision	commission	comisión	commissione
communication	Gespräch	message, communication	comunicación	comunicazione
compagnie	Gesellschaft	company	compañía	compagnia
compétitif	wettbewerbsfähig	competitive	competitivo	competitivo
compétitivité	Wettbewerbsfähigkeit	competitiveness	competitividad	competizione
comptabilité	Buchhaltung	accounting	contabilidad	contabilità
comptable	Buchhalter	accountant	contable	contabile
compte	Konto	account	cuenta	conto
compte courant	laufendes Konto	current account	cuenta corriente	conto corrente
conclure	abschließen	to conclude	concluir	concludere
concurrence	Konkurrenz	competition	competencia	concorrenza
concurrent	Konkurrent	competitor	competidor	concorrente
condition	Bedingung	condition	condición	condizione
conflit	Konflikt	conflict	conflicto	conflitto
consentir	zustimmen	to agree, grant	consentir	consentire
consommateur	Verbraucher	consumer	consumidor	consumatore
consommation	Verbrauch	consumpton	consumo	consumo
contact	Kontakt	contact	contacto	contatto
contrat	Vertrag	contract	contrato	contratto
coopération	Zusammenarbeit	cooperation	cooperación	cooperazione
courrier	Post	mail	correo	corrispondenza
cours	Kurs	price	curso	corso
coût	Kosten	cost	coste	costo
coûter	kosten	to cost	costar	costare
coûteux	kostspielig	expensive	costoso	costoso
créancier	Gläubiger	creditor	acreedor	creditore
création	Schaffung	creation	creación	creazione
crédit	Kredit	credit	crédito	credito
créer	schaffen	to create	crear	creare
créneau	Marktsegment	market segment	segmento de mercado	sbocco
croissance	Wachstum	growth	crecimiento	crescita

D

débiteur	Schuldner	debtor	deudor	debitore
débouché	Absatzmarkt	outlet, opening	salida	sbocco
décision	Entscheidung	decision	decisión	decisione
découvert	Kontoüberziehung	overdraft	descubierto	scoperto
déduction	Abzug	deduction	deducción	deduzione
déduire	abziehen	to deduce	deducir	dedurre
défi	Herausforderung	challenge	reto	sfida
déficit	Defizit	deficit	deficit	deficit
dégât(s)	Schaden	damage	daño(s)	danno
délai	Frist	time limit	plazo	scadenza
délégation	Delegation	delegation	delegación	delegazione
dépasser	überschreiten	to exceed	superar	superare
dépense	Ausgabe	expenditure	gasto	spesa
déplacement	Verlagerung, Verlegung	movement, travel	desplazamiento	spostamento
destinataire	Adressat, Empfänger	addressee, consignee	destinatario	destinatario
dette	Schulden	debt	deuda	debito
développement	Entwicklung	development	desarrollo	sviluppo
développer	entwickeln	to develop	desarrollar	sviluppare
devis	Voranschlag	estimate	presupuesto	preventivo
diminution	Verminderung	reduction	disminución	diminuzione
directeur	Direktor	manager, director	director	direttore
direction	Direktion	management	direccion	direzione
diriger	leiten	to manage	dirigir	dirigere
distributeur	Verteiler	distributor	distribuidor	distributore
dividende	Dividende	dividend	dividendo	dividendo
dossier	Akte	file	dossier	dossier
douane	Zoll	customs	aduana	dogana
droit	Recht	law, right	derecho	diritto

E

échange	Austausch	exchange	intercambio	scambio
échantillon	Probe, Muster	sample	muestra	campione
échéance	Fälligkeit, -sdatum	settlement/maturity date	vencimiento	scadenza
échec	Mißerfolg	failure	fracaso	scacco
économie	Wirtschaft	economics	economía	economia
effectuer	durchführen, machen	to carry out	efectuar	effettuare
effet de commerce	Handelspapier	bill of exchange	efecto de comercio	effetto, titolo
emploi	Stelle	job, employment	empleo	impiego
employé	Angestellter	employee	empleado	impiegato
emprunt	Anleihe	loan	préstamo	prestito
emprunter	leihen	to borrow	pedir prestado	prendere a prestito
endettement	Verschuldung	indebtedness	endeudamiento	indebitamento
endetter(s')	sich verschulden	to get into debt	endeudarse	indebitarsi
endommager	beschädigen	to damage	dañar	danneggiare
ensemble	Einheit, Gesamtheit	whole, group	conjunto	insieme
entrepreneur	Unternehmer	contractor, entrepreneur	empresario	imprenditore
entreprise	Unternehmen	firm	empresa	ditta
entretien	Gespräch	interview	conversación	colloquio
entretien	Wartung	maintenance	mantenimiento	manutenzione
environnement	Umgebung	environment	entorno	ambiente

environnement	Umwelt	environment	medio ambiente	ambiente
envoi	Sendung	shipment, consignment	envío	invio
épargne	Ersparnis	savings	ahorro	risparmio
erreur	Irrtum	mistake	error	errore
escompte	Skonto	discount	descuento	sconto
estimation	Schätzung	appraisal	valoración	valutazione
établir	aufstellen, errichten	to set up	establecer	stabilire
établissement	Anfertigung, Betrieb	establishment	establecimiento	stabilimento
excédent	Überschuß	surplus, excess	excedente	eccedente
excuser (s')	sich entschuldigen	to apologize	disculpar (se)	scusarsi
exécuter	ausführen	to carry out	ejecutar	eseguire
exécution	Aufûhrung	execution	ejecución	esecuzione
exercice	Geschäftsjahr	financial year	ejercicio	esercizio
expert	Experte	expert	perito	esperto
exportateur	exportierend, Export-	export, -ing	exportador	esportatore
exportateur	Exporteur	exporter	exportador	esportatore
exporter	exportieren	to export	exportar	esportare

F

fabricant	Hersteller	manufacturer	fabricante	fabbricante
fabrication	Herstellung	manufacture	fabricación	fabbricazione
facturation	Rechnungsschreibung	invoicing	facturación	fatturazione
facture	Rechnung	invoice	factura	fattura
facturer	in Rechnung stellen	to invoice	facturar	fatturare
faillite	Konkurs	bankruptcy	quiebra	fallimento
fermeture	Schließung	closure	cierre	chiusura
finance	Finanzwesen	finance	finanza	finanza
financer	finanzieren	to finance	financiar	finanziare
financier	finanziell	financier	financiero	finanziario
firme	Firma	firm	firma	ditta
foire exposition	Messe, Ausstellung	trade fair	feria de muestras	salone, mostra
fournir	liefern	to supply	proveer	fornire
fournisseur	Lieferer	supplier	proveedor	fornitore
frais	Unkosten	expenses	gastos	spese
franco de port	Fracht frei	carriage paid	franco de porte	franco di porto
fret	Fracht	freight	flete	noleggio

G

gamme	Produktpalette	range	gama	gamma
gérant	Geschäftsführer	manager	gerente	gestore
gérer	führen, leiten	to manage, administer	administrar	gestire
gestion	Verwaltung	management	gestión	gestione
gratuit	kostenlos	free	gratuito	gratuito
groupe	Gruppe	group	grupo	gruppo

H

hausse	Ansteigen	rise, increase	alza	aumento
horaire	Zeitplan	timetable	horario	orario
honorer	bezahlen	to honour	pagar	onorare

I

importateur	importierend, Import-	import, -ing	importador	importatore
importateur	Importeur	importer	importador	importatore
importation	Import	importation	importación	importazione
importer	importieren	to import	importar	importare
impôt	Steuer	tax	impuesto	tassa
indemnisation	Schadensersatzleistung	indemnification	indemnización	risarcimento
indemniser	entschädigen	to compensate	indemnizar	risarcire
indemnité	Entschädigung	compensation, benefit	indemnidad, dieta	indennità
indice	Index	index	indice	indice
industrie	Industrie	industry	industria	industria
industriel	industriell	industrial	industrial	industriale
industriel	Industrieller	manufacturer	industrial	industriale
inflation	Inflation	inflation	inflación	inflazione
information	Information	information	informacion	informazione
informer	informieren	to inform	informar	informare
intéresser	interessieren	to interest	interesar	interessare
intérêt	Interesse, Zins	interest	interés	interesse
investir	investieren	to invest	invertir	investire
investissement	Investition	investment	inversión	investimento

L

lancement	Einführung	launch	lanzamiento	lancio
lancer	einführen	to launch	lanzar - emitir	lanciare
lettre de change	Wechsel	bill of exchange	letra de cambio	lettera di cambio
limitation	Begrenzung	limitation	limitación	limitazione
limiter	begrenzen	to limit	limitar	limitare
livraison	Lieferung	delivery	entrega	consegna
livrer	liefern	to deliver	entregar	consegnare

M

magasin	Lager	store, warehouse	almacén	magazzino
magasin	Geschäft	shop	tienda	negozio
mandat	Mandat	money order	giro postal	mandato
marchandise	Ware	goods	mercancía	merce
marché	Markt	market	mercado	mercato
marque	Marke	brand, make	marca	marca
matériel	Material	equipment	material	materiale
mise en service	Inbetriebsetzung	putting into service	puesta en servicio	messa in servizio
mise au point	Richtigstellung	adjustment	puesta a punto	messa a punto
monétaire	Währungs-	monetary	monetario	monetario
monnaie	Währung	currency	moneda	moneta
monnaie (pièces)	Kleingeld	(small) change	cambio	spiccioli
montant	Betrag, Höhe	amount	importe	importo
moyen	Mittel	means	medio	mezzo
moyen / moyenne	mittel, durchschnittlich	average	media	medio
moyenne	Durchschnitt	average	media	media

N

négoce	Geschäft	trade, trading	negocio	commercio
négocier	verhandeln	to negotiate	negociar	negoziare

O

objectif	Ziel	objective	objetivo	obiettivo
objet	Objekt, Betreff	object	objeto	oggetto
offre	Angebot	offer	oferta	offerta
offrir	anbieten	to offer	ofrecer	offrire
opération	`Transaktion	operation, transaction	operación	operazione
ordre	an (Scheck)	order	ordén	ordine
ordre (recevoir des)	Befehl	order, payable to	pedido	ordine
ouverture	Eröffnung	opening	apertura	apertura

P

paiement	Zahlung	payment	pago	pagamento
partenaire	Partner	partner	socio	socio
participation	Beteiligung	participation	participación	partecipazione
participer	teilnehmen	to take part	participar	partecipare
parvenir	gelangen	to reach	alcanzar	pervenire
passif	Passiv	liabilities	pasivo	passivo
payer	bezahlen	to pay	pagar	pagare
pénurie	Mangel, Not	scarcity	escasez	penuria
perspective	Perspektive	prospect	perspectiva	prospettiva
placement	Anlage	investment	inversión	investimento
placer (investir)	anlegen	to invest	invertir	investire
placer (poser)	legen, setzen, stellen	to put	colocar	collocare
police d'assurance	Versicherungspolice	insurance policy	póliza de seguro	polizza d'assicurazione
port dû (en)	unfrei	carriage to pay	porte debido	porto assegnato
port payé (en)	frei Haus	carriage paid	porte pagado	porto a carico del mittente
préjudice	Beeinträchtigung	prejudice, damage	perjuicio	danno
prélever	erheben	to deduct, draw out	retener	prelevare
président	Präsident	chairman	presidente	presidente
prêt	Darlehen	loan	préstamo	prestito
prêter	leihen	to lend	prestar	imprestare
prévision	Voraussage	forecast	previsión	previsione
prévoir	voraussehen	to anticipate	prever	prevedere
prime	Prämie	bonus, premium	prima	premio
privatisation	Privatisierung	privatization	privatizar	privatizzazione
prix	Preis	price	precio	prezzo
production	Produktion	production	producción	produzione
produire	produzieren	to produce	producir	produrre
produit	Produkt	product	producto	prodotto
programme	Programm	programme	programa	programma
progrès	Fortschritt	progress	progreso	progresso
progression	Progression	progression	progresión	progressione
projet	Projekt	project	proyecto	progetto
promotion	Förderung	promotion	promoción	promozione
promotion	Beförderung	promotion	ascenso	promozione
promouvoir	fördern	to promote	promover	promuovere

propriété	Eigentum	property	propriedad	proprietà
provision	Vorrat, Rückstellung	stock, provisions	provisión	scorta
publicité	Werbung	advertising	publicidad	publicità

R

rabais	Rabatt	reduction	descuento	ribasso
rapport	Bericht	report	informe	rapporto
rapport	Verhältnis	relationship	relación	rapporto
réception	Empfang	reception	recepción	ricevimento
recherche	Forschung	research	investigación	ricerca
réclamation	Reklamation	complaint	reclamación	reclamo
redressement	Erholung	recovery	recuperación	risanamento
réduction	Verminderung	reduction	reducción	riduzione
réduire	vermindern	to reduce	reducir	ridurre
refuser	ablehnen	to refuse	rechazar	rifiutare
règlement	Begleichung	settlement	arreglo - pago	saldo
régler	regeln	to settle	arreglar - pagar	regolare
regrouper	umgruppieren	to group together	reagrupar	raggruppare
relation	Beziehung	relationship	relación	relazione
relevé (de compte)	Kontoauszug	statement	extracto de cuenta	estrattoconto
remboursement	Rückzahlung	reimbursement, refund	reintegro	rimborso
rembourser	zurückzahlen	to reimburse, refund	rembolsar / reembolsar	rimborsare
remercier	danken	to thank	agradecer	ringraziare
remise	Mengenrabatt	discount	entrega - descuento	sconto
rentabilité	Rentabilität	profitability	rentabilidad	redditività
rentable	rentabel	profitable	rentable	redditizio
rente	Rente	private income, pension	renta	rendita
réparation	Reparatur	repairing, compensation	reparación	riparazione
report	Aufschub	postponement	aplazamiento	rinvio
représentant	Vertreter	representative	representante	rappresentante
reprise	Rücknahme	recovery, resumption	reactivación	ripresa, ripristino
réseau	Netz	network	red	rete
réserve	Reserve	reserve	reserva	riserva
responsable	verantwortlich	responsible	responsable	responsabile
responsable	Verantwortlicher	person in charge	responsable	responsabile
ressource(s)	Mittel, Quelle	resources	recurso(s)	risorsa
résultat	Ergebnis	result	resultado	risultato
retrait	Abhebung	withdrawal	reintegro	ritiro
réussir	gelingen	to succeed	lograr	riuscire
réussite	Erfolg	success	logro	riuscita
revenu	Einkommen	income	renta	reddito
richesse	Reichtum	wealth	riqueza	ricchezza
ristourne	Rückvergütung	rebate	bonificación	sconto, storno

S

salarié	Arbeitnehmer	employee	asalariado	dipendente
satisfaire	befriedigen	to satisfy	satisfacer	soddisfare
secteur	Sektor	sector	sector	settore
service	Service	service	servicio	servizio
siège (social)	Sitz (Haupt-)	head office	sede (social)	sede

société	Gesellschaft	company	sociedad	società
solution	Lösung	solution	solución	soluzione
somme	Summe	sum	cantidad	somma
sondage	Umfrage	(opinion) poll	sondeo	sondaggio
spécialisation	Spezialisierung	specialization	especialización	specializzazione
spécialiste	spezialistisch	specialist	especialista	specialista
spécialiste	Spezialist	specialist	especialista	specialista
spécialité	Spezialität	speciality	especialidad	specialità
stage	Ausbildung	training course	cursillo	corso
stand	Stand	stand	estand	stand
statistique(s)	Statistik	statistics	estadística(s)	statistica
subvention	Subvention	subsidy	subvención	sovvenzione
succès	Erfolg	success	éxito	successo
suspension de paiements	Einstellung der Zahlungen	suspension of payment(s)	suspensión de pagó	sospensione dei pagamenti
syndicat	Gewerkschaft	trade union	sindicato	sindacato

T

tarif	Tarif	tariff	tarifa	tariffa
tarification	Preisfestsetzung	price fixing	tarificación	tariffazione
taux	Satz	rate	tasa	tasso
taux d'intérêt	Zinssatz	interest rate	tipo de interés	tasso d'interesse
taxe	Steuer	tax	tasa	tassa
taxe à la valeur ajoutée (T.V.A)	Mehrwertsteuer	value added tax (V.A.T.)	impuesto sobre el valor añadito (I.V.A)	imposta valore aggiunto (I.V.A.)
terme	Laufzeit	time, term	plazo	termine
traite	Wechsel	draft	letra (de cambio)	cambiale
transaction	Transaktion	transaction	transacción	transazione
travail	Arbeit	work	trabajo	lavoro
trésorerie	Geldbestand	accounts, funds	tesorería	tesoreria
tribut	Tribut	tribute	tributo	tributo

U

usine	Fabrik	factory	fábrica	fabbrica
utilisation	Benutzung	use	uso	uso

V

vendeur	Verkäufer	salesman	vendedor	venditore
vendre	verkaufen	to sell	vender	vendere
vente	Verkauf	sale	venta	vendita
versement	Zahlung	payment	abono	versamento
verser	zahlen	to pay in	abonar	versare
virement	Überweisung	transfer	transferencia	bonifico

INDEX THÉMATIQUE

Imprimé en France par I.M.E. - 25110 Baume-les-Dames
Dépôt légal n° 2799-05/1991
Collection n° 23 - Édition n° 02
15/4799/1